_____ 드림

나는 한류
장사꾼이다

나는 한류
장사꾼이다

초판 1쇄 인쇄 2016년 1월 7일
초판 1쇄 발행 2016년 1월 14일

지은이 황해진

발행인 장상진
발행처 경향미디어
등록번호 제313-2002-477호
등록일자 2002년 1월 31일

주소 서울시 영등포구 양평동 2가 37-1번지 동아프라임밸리 507-508호
전화 1644-5613 | **팩스** 02) 304-5613

ⓒ 황해진

ISBN 978-89-6518-168-2 03320

나는 한류
장사꾼이다

밥장사 황해진의
중국 창업 성공기

황해진
지음

경향미디어

나는 중국에서
'한류'로 인생이 바뀌었다

요즘 방송가에는 먹방(먹는 방송)과 쿡방(요리 방송)이 대세다. '셰프(Chef)'라 불리는 강호의 요리 고수들이 칼과 불을 자유자재로 다루며 손놀림과 입담으로 대중을 사로잡는다. 그중에서도 단연 돋보이는 존재는 백선생, 백주부, 슈가보이 등 여러 별명으로 불리는 백종원 대표다. 백 대표는 프랜차이즈 요식업계에서는 '신의 손'으로 불릴 정도로 음식 사업으로 성공한 사업가다.

연륜이 느껴지는 외모와 달리 백종원 대표의 구수하면서도 귀여운 충청도 사투리가 많은 젊은이와 요리 초보자들을 주방에 세웠다. 양념을 종이컵으로 계량하고 만능 간장에 만능 파기름을 전수한다. 재료 사용에서 금기는 없어 보인다. 넉넉한 설탕에 맛소금까지 뿌리면 고급 레스토랑 부럽지 않은 그럴듯한 밥상이 뚝딱 차려진다.

그런데 만약 요리가 아닌 '음식 사업'을 백종원 대표만큼 하려면 무엇이 필요할까? 알 만한 요식업 브랜드 30여 개와 점포 430여 개를 가진, 연간 매출 700억 대의 사업가가 되기 위해서라면, 자고로 '금수저'를 물고 태어나거나 명문대 졸업장을 가졌거나 비상한 경영 능력을 타고나야 하리라고 여길 것이다. 그러면서 어쩌면 운명은 이미 태어날 때부터 정해졌다고 낙담하는 이들이 대부분일 것이다. 일부 맞는 말이긴 하다. 하지만 필자에겐 전혀 해당 사항이 없다. 나는 금수저는커녕 밥 한 끼가 아쉬운 상황에서 혈혈단신 중국으로 건너가 맨몸으로 밥장사를 하면서 인생역전을 맛본 사람이다. 백종원 대표와 같은 빅스타는 아닐지라도 그를 부러워하지 않는 강소 스타(작지만 강한 스타)가 되었다고 스스로 자부한다.

나는 한국에서 사업 실패와 인생 실패를 거듭했다. 세상 밑바닥까지 간 사람이다. 인생 실패가 부끄러워 도망치듯 중국에 건너왔다.

살아 있는 동안이라도 먹고살기 위해 난생 처음으로 한국음식점을 하게 되었다. 지금은 스티브 잡스도 부럽지 않고, 오바마도 부럽지 않다. 나는 지금, 남이야 뭐라 하든 세상이라는 무대에 주인공으로서 온전히 내 삶을 만끽하며 살아가고 있다.

10년 전, 중국에서 처음 해보는 음식 사업은 마치 길 없는 산길을 걷는 것과 같았다. 경험도, 계획도, 정보도 없이 시작한 그 대가는 혹독했다. 하지만 뜻밖에 횡재를 만났다. 바로 '한류'였다. K-POP을 즐기고, K-드라마를 즐기는 젊은 한류팬들이 K-FOOD를 기다리고 있는 모습을 보았다. 그들에게 다가가니 길이 보였다. 가고 또 가고, 10년을 가다 보니 큰 길이 보였다. 이제 그 길은 누구나 쉽게 다닐 수 있는 고속도로가 될 수도 있다는 생각을 하게 되었다. 한류를 등에 지고 좁은 한반도를 뛰쳐나와 광활한 중국 대륙을 무대로 하고, 지구촌을 무대로 한다면 나처럼 수천, 수만의 강소(强小) 창조 사업가가 제2, 제3의 성공 신화를 만들 수 있다고 확신하게 되었다. 그 횡재를 혼자만 즐기다가 돌아가기가 너무 아까워 이 책을 쓴다.

요즘 이국땅에서 내가 보는 한국은 기울어져 가는 배 같다. 나와 같은 힘없는 99%의 서민들이 극빈으로 내몰리고 있다는 소식이 너무 안타깝다. 자영업자들의 처절한 한숨 소리와 꿈과 희망을 잃어버린 청년들의 비탄이 바다 건너 여기까지 들리는 듯하다. 이 책은 인생 역전을 꿈꾸는 사업 실패자와 일을 하고 싶어도 일자리를 찾지 못하는 명퇴자들, 그리고 '3포, 5포'도 모자라 '헬조선'이라는 기막힌 신조어를 읊고 있는 이 땅의 만년 취준생(취업 준비생)들에게 '달을 가리키는 손가락'이 되고 싶다. 평범함보다 못한 나 같은 사람도 한류 덕분에 이렇게 인생 성공의 맛을 보고 있으니 아무리 어렵더라도 제발 포기만은 하지 말라고 전하고 싶다.

나는 내가 겪은 경험을 나누고 싶다. 시야를 넓히면 돌파구가 열린다는 소식을 전하고 싶다. 아직도 해외라는 낯선 세상을 두려워하는 이들에게 용기를 불어넣어 주고 싶고, 바다를 건널 수 있는 디딤돌이 되어주고 싶다. 낯선 곳에서 맞닥뜨릴 수 있는 어려움들을 기회로 만드는 비법을 전수하고 싶다. 대단한 배경을 갖고 태어나지 않아도, 매 순간 스펙 쌓기에 열 올리며 청춘을 낭비하지 않아도, 인생의 고속도로 바깥길에서도 설탕 같은 단맛을 누릴 수 있다는 희망과 비전을 보여주고 싶다.

이 책이 나와 같이 불운한 환경과 실패한 삶의 조건에서도 인생 성공을 일구려는 이 땅의 '을'님들에게 조금이나마 도움이 되면 참 좋겠다.

중국 칭다오에서
작은 한국식당 주인장 **황해진**

CONTENTS

CHAPTER 3
중국에서 한국음식점 성공기

CHAPTER 4
기회의 땅, 중국에서 성공하려면

CHAPTER 5

을의 생존법, 한류에 답 있다

CHAPTER 1

벼랑에 몰린
한국에서의 삶

—

절벽에 서서 인생을 돌아보다

〈국제시장〉 같던 궁핍한 그 시절

주경야독, 밑바닥에서 탈출하다

무모한 도전, 취업 대신 창업

촌놈 사업가, 2% 방심이 부른 화

말로만 듣던 끔찍한 사업 도산

한 번도 생각 못한 장사에 입문하다

미친 인생, 건강인에서 암환자로

절벽에 서서
인생을 돌아보다

인생의 목적은 행복 탐구에 있는 것이라고 생각하라.
그러면 참혹한 현실도 대범하게 받아들일 수 있다.
– 중국 격언

　사람은 누구나 자신과 가족의 행복을 위해 최선을 다하며 살아간
다. 중국인에게 행복이란 '복(福)', '록(祿)', '수(壽)' 세 가지다. 이때
복은 자손이 대대손손 번영하는 운, 록은 재물, 수는 장수를 말한다.
중국인의 생각은 분명하고, 이성적이고, 현실 지향적이다. 불운과 가
난과 질병이 있는 한, 자신과 가족의 행복을 유지하기는 어렵다.

　나는 잃어버린 운, 돈, 건강을 중국에서 모두 되찾았다. 불과 10여
년 전만 해도 나는 인생 파산자였다. 40대 중반, 이르다면 이른 나이
에 불운이 연이어 찾아왔다. 인생의 절정기에 사업에서 실패했고 신

용불량자가 되었다. 불행이 나 혼자만의 것이었다면 그나마 나았을 텐데 사업 실패로 온 가족이 거리로 나앉아야 했다. 다시 일어나 간신히 재기의 발판을 만들어 갈 무렵, 또다시 더 큰 쓰나미가 덮쳤다.

"검사 결과가 나왔습니다."

그 당시 건강 문제로 나는 병원에서 몇 가지 간단한 검사를 받았다. 컴퓨터 단층 촬영 후 3일째 되는 아침이었다. 담당 의사가 결과를 판독하며 한참 동안 뜸을 들였다. 좋지 않은 예감이 엄습했다.

"나쁜가요?"

"네, 그렇습니다. 종양이 발견됐습니다."

"종양이라면, 암입니까?"

"예, 하루 빨리 수술을 받아야 합니다."

의사의 말에 내 머릿속은 갑자기 하얘졌다. 암 선고를 받기 전날 비가 와서인지 그날따라 유난히도 하늘이 맑고, 눈부시게 청명했다. 내 처지와 대비되는 싱그러운 5월의 봄 날씨가 나를 더 우울하게 했다. 어쩌면 이런 맑은 하늘을 볼 수 있는 날도 얼마 남지 않은 건 아닐까 생각하니 기가 막혔다. 잘 살아보려고 그렇게 발버둥을 치며 살았건만, 잘 살기는커녕 무슨 날벼락이란 말인가. 누구 못지않게 열심히 살았는데, 정말 열심히 살았는데….

죽음을 도저히 받아들일 수가 없었다. 중년에 사업 실패로 가진 것은 다 잃었어도 건강만은 자신이 있었다. 그런데 그마저 무너지고 있었다. 죽음은 늘 멀리 있는 줄만 알았다. 이렇게 전혀 준비가 안 된 상태에서 죽음이 코앞에 느닷없이 다가올 줄은 꿈에도 몰랐다. '이 현실이 꿈이었으면…' 하고 머리를 흔들어보고 쥐어 뜯어보기도 했지만 부질없는 짓이었다. 너무 황당하고 당혹스러워 병원 4층 옥상에서 몸부림친 기억이 아직도 생생하다. 나이가 겨우 오십인데, 짧기만 한 삶이 너무 아쉬웠다. 아내를 고생만 시킨 것도 모자라, 어린 자식들 남겨두고 짐까지 잔뜩 지워 주고 가는 신세라니. 부모를 앞서는 불효는 또 어찌하나….

이렇게 인간으로서 기본 도리를 못하고 가는 것도 감당하기 힘들었지만, 더욱 나를 못 견디게 한 건 살았어도 산 것 같지 않은 내 삶에 대한 '허망함'이었다.

'허망함이 인생인가?'

'인생이 허망함인가?'

인생에 관한 근본적인 질문을 끝없이 했다.

'어찌 살아왔던가?'

자책감이 커져만 갔다. 얼마나 잘못 살았기에 이 지경이 되었고, 여기까지 왔는가? 어디서 잘못됐기에 이 나이에 돈도 건강도 모두 다 잃었는가? 왜 이리도 삶이 허망하고 갈증만 가득할까? 원인이라도 알고 싶었다.

나는 지나온 내 삶을 돌이켜보려고 이메일에 있는 '내게 쓴 편지함'으로 들어갔다. 처음으로 진진하게 나와 마주 앉았다. 내게 편지도 써보고, 질문도 해보며 삶의 지난 여정을 곱씹어보았다.

누구 못지않게 바빴던 시간들이었다. 밤이슬을 맞으며 6년간이나 야학을 했고, 수많은 밤을 지새우며 일도 열심히 했다. 모진 가난은 해결했지만, 행복의 목마름이 채워지지 않아 '마음 공부'에 미치기도 했다. 사업이 바쁘다는 핑계로 아내와 아이들 손을 잡고 여행도 한 번 근사하게 다니질 못했다. 아무리 되돌아봐도 열심히 산 죄밖에 없다.

앞으로 아버지 도움도 받지 못하고 고생할 아이들이 눈앞에 아른거렸다. 철없던 시절에는 몰랐던 부모님 사랑도 이제야 헤아려졌다. 편견과 고집으로 주변을 불편하게 한 시간도 많았다. 흥했다 망했다 굴곡진 삶이 스스로 애처로워 눈이 부을 정도로 혼자서 몰래 울었다. 아쉬움과 회한이 눈덩이처럼 커졌다. 인과응보라는 옛말을 떠올렸다. 콩 심은 데 콩 나고 팥 심은 데 팥 난다는 속담도 생각났다. 일의 결과가 있다면 그 결과가 생긴 이유가 반드시 있을 것이다. 이 지경이 된 내 모습도 반드시 원인이 있을 것이다. 그 원인이라도 알고 싶었다.

그런데 놀랍게도 내 삶의 그 깊은 허망함의 원인을 중국에 와서야 깨달았다. 죽음이 어느 날 갑자기 눈앞에 다가온다면 아마 대부분의 사람이 나처럼 '삶이 허망하다'는 생각을 할 것이다. 대체 내 인생에서 무엇이 문제였던가. 나름대로 누구 못지않게 열심히 살아왔는데 갑자기 뚝 끊어진 철길 앞에 서 있는 기분. 깨닫고 보니 모두가 '남의 삶'을 살았기 때문이었다!

이 깨달음으로 나는 50년 만에 비로소 '내 삶'을 만났다. 그 순간 갑자기 심장이 세차게 뛰면서 희열에 사로잡혔다. 하찮게 여겼던 하루하루가 소중해졌다. 이제는 오래 살고 못 살고는 중요하지 않았다. 낮과 밤이 이어져 있듯이, 삶과 죽음은 선명하게 분리된 것이 아니라 이어져 있었다. 인생 실패의 참담함이 지워지고 삶의 희망과 즐거움이 보였다. 기적 같은 전환이었다. 이 단순한 진리를 이국땅 중국에 와서야 깨달았다. '내게 쓴 편지함'에서 발견한, 당시에 내가 쓴 글이다.

참된 내 삶

남이 나를 인정하는 삶보다

내가 나를 인정하는 삶.

내 삶이 하늘보다 땅보다

더 존귀하다고 여기는 삶.

내 삶을 가꾸는 도구나 수단인

돈이나 명예에 매몰되지 않는 삶.

권력이나 종교에 휘둘리지 않는 삶.

남의 삶을 부러워하지 않고

세상 주인 노릇하며 살아가는 삶.

이런 삶이 참된 내 삶이다.

남이야 뭐라고 하든!

유배당하듯이 건너간 이국땅에서 소중한 나를 찾았다. 그뿐인가. 새 삶을 가능하게 해준 한류를 만났다. 한류를 만나고 보니 조국에서 어려움에 처해 있는 많은 이들(청년들과 소상공인)과 함께 만들어가야 할 꿈까지 만났다. 이 소중한 선물을 얻기까지 지난 50년 내 굴곡진 인생이 있었다.

STORY 2

〈국제시장〉 같았던
궁핍한 그 시절

나의 출생과 이름에는 벌써 아름다운 덕이 갖추어져 있었고,
거기에다 뛰어난 재능까지 타고났다네.
– 중국 시인 굴원, 〈이소(離騷)〉

"아버지 내 약속 잘 지켰지예, 이만하면 내 잘 살았지예. 근데 내
진짜 힘들었거든예."

영화 〈국제시장〉의 주인공 덕수가 영화 엔딩 장면에서 한 말이다.
덕수는 또 이렇게도 말했다.

"나는 그래 생각한다. 힘든 세상에 태어나가 이 힘든 세상 풍파를
우리 자식이 아니라 우리가 겪은 게 참 다행이라고."

영화 〈국제시장〉은 부산 국제시장의 수입 잡화점 '꽃분이네'를 무
대로 우리 세대 아버지들의 이야기를 다루었다. 고생, 희생, 장남, 가

장 등의 요소가 대중의 정서적 공감을 형성하여 개봉 28일 만에 천만 관객을 달성했다.

영화 속 덕수와 영자는 나의 형뻘이고 누나뻘이다. 그 형과 누나들은 베트남으로 가고, 독일에 광부로, 간호사로 갔다. 우리도 얼마 후에 중동 근로자로 나갔다. 어린 시절 나와 의남매를 맺었던 우리 동네 예쁜 춘자 누나도 독일 간호사로 갔다. 영화 〈국제시장〉을 보며 어린 시절의 가난으로 얼룩진 이런저런 추억들이 떠올라 얼마나 울었는지 모른다.

나는 숙명처럼 가난을 안고 태어났다. 내게 당시의 가난이란 마가린 밥과 같다. 익숙하고 그리우면서도 지긋지긋한 감정을 불러일으킨다. 열아홉 살에 서울에 올라와 가장 차가운 밑바닥 생활을 하며 주경야독을 할 때였다. 그때 그 시절에는 전기밥솥이 없어서 한 끼를 때우려면 석유곤로로 냄비 밥을 해 먹어야 했다. 책상을 밥상으로 삼았고, 그 위에 놓인 반찬은 10원짜리 비닐봉지 김치에 샘표 간장, 작고 노란 마가린 조각이 다였다. 마가린 밥은 어렵게 챙겨 먹었던 한 끼 식사였다. 지금도 그 마가린 밥을 떠올리면 바로 냄새가 기억될 만큼 지겹도록 먹었다.

밥 해 먹는 쌀은 언제나 가격이 제일 싼 정부미였다. 정부미에는 납작 보리쌀과 해묵은 쌀이 섞여 있었는데, 그 특유의 묵은내는 지금도 잊히지 않는다. 낮에는 일하고 밤에는 공부하느라 바빠 반찬을 만들 시간이 없었다. 게다가 월급 받아 학원비와 책값을 내고 나면 여유가 없어 부식비는 늘 부족했다. 라면도 비싸서 가끔 사먹었다. 그나마 챙겨 먹던 마가린 밥조차 못 먹을 상황에 봉착했을 때도 시골 사는 부모님께 생활이 어렵다는 말을 하지 못했다. 시골집에는 동생이 둘이나 공부하고 있어 나보다 상황이 더 어려웠기 때문이다.

아버지는 일찍이 불행을 겪으신 분이다. 인생에서 가장 큰 불행은 중년에 배우자를 잃는 것이며, 자식을 먼저 보내면 하늘이 무너진다는 옛말이 있다. 아버지는 첫 가정을 꾸리고 고작 10년 만에 배우자와 아들을 동시에 잃었다. 상상도 못할 큰 시련이었다. 아마도 이 일은 아버지 인생에서 가장 아팠던 사건이었으리라.

예나 지금이나 남자들은 마음을 가누기 어려울 때 쉽게 술에 의지한다. 그즈음에 아버지는 주막집을 자주 드나들었고, 술과 화투에 빠져 전 재산을 잃었다. 지금의 내 어머니를 만나 새 가정을 꾸리실 즈음에는 이미 가진 재산을 탕진한 뒤였다.

내가 태어난 시절에는 나라 전체가 어려웠고, 농촌 살림은 궁핍했다. 논밭 하나 없이 남의 집 농지를 빌려다가 소작하는 우리 집 형편은 더욱 궁할 수밖에 없었다. 농촌에서는 농지가 어느 정도 있는 집안에서도, 돈이 없어 중학교 진학을 하지 못하는 아이들이 부지기수였다. 중학교를 졸업하고도 고등학교를 못 가는 아이들 또한 절반이 넘었다. 그래도 우리 부모님은 그 모진 어려움 속에서 아들 셋을 모두 고등학교까지 졸업시켰다. 그 고생은 이루 말로 표현할 수 없다.

아버지는 비록 가난했지만 가문에 대한 자부심과 자존심은 대단한 분이었다. 이 두 가지만은 적당히 타협하는 모습을 본 적이 없었다. 당신의 실수로 자식들에게 재산은 못 물려주지만 자식 공부만큼은 당신의 자존심 그 자체인 듯했다. 그 자존심을 지키기 위해 아버지는 최선을 다했다. 내가 고등학교를 다닐 때였다. 자식들 학비가 다급하자 아버지는 자존심을 내려놓고 천민임을 자처하는 머슴살이를 했다. 아버지의 그때 그 마음을 아둔한 자식은 30년 후에나 깨달았다.

어린 시절, 어머니가 도민증을 주민등록증으로 갱신할 때 같이 따라간 적이 있다. 주민등록증을 건네주던 면사무소 직원도 건네받은 어머니도 난처해했는데, 어머니의 엄지손가락 지문이 닳아서 지문란에 지문을 알아볼 수 없을 정도로 잉크만 까맣게 찍혀 있었기 때문이다.

나는 그렇게 궁한 집안 살림에서도 인동중학교를 나와 인동상업고등학교(지금의 구미정보고등학교) 1회 졸업생이 되었다. 고생하신 부모님에 대한 죄책감, 동생들 공부에 대한 책임감에 마음이 늘 무거웠다. 돈벌이가 급했다.

그리하여 나는 1972년 12월 12일, 취업 실습이라는 제도를 통해 서울 한복판에 있는 작은 인쇄소에 첫발을 내디뎠다. 인쇄소 일은 처음이라 몇 개월간은 재미있게 일했다. 인쇄 골목에서 조금만 밖으로 나서면 새롭고 신기한 구경거리들이 많았다. 큰 빌딩과 엘리베이터, 코스모스 백화점, 조선 호텔과 반도 호텔, 광화문 큰 길, 명동과 충무로 골목 등 모든 것이 촌놈 눈에는 생소하고 신기했다.

첫 월급은 7천 원. 그 당시 고졸사원 은행 초봉이 2만 4천 원 정도였으니 상당히 박봉이었다. 영업부 일이라고 알고 갔는데 막상 있어 보니 주로 하는 일은 잔심부름이었다. 시키는 심부름은 곧잘 했다. 그런데 문제가 하나 있었다. 경상도 촌놈이라 전화받는 일이 쉽지 않았다. 전기도 들어오지 않는 산골이라 전화를 사용해 본 경험이 전혀 없는 데다, 서울말로 들려오는 전화 속 상대방 목소리가 외국 말처럼 알아듣기 어려웠기 때문이다. 그래서 한동안은 아무도 없는 사무실을 혼자 지키는 일이 가장 곤혹스러웠다.

내가 맡은 일이 도시의 가장 밑바닥 일 중 하나인 것을 알아차리는 데는 그리 오랜 시간이 걸리지 않았다. 인쇄소 심부름꾼 일은 신문배달이나 구두닦이 일처럼 학벌하고는 아무 관계없는 일이라는 생각이 들었다. 적성에 맞지 않았던 데다 대단한 배움도 전망도 없어 보였다. 하지만 고교를 갓 졸업한 내 이력으로는 다른 좋은 직장으로 옮길 묘수가 없었다. 도시 밑바닥 생활을 괴롭게 이어 갈 수밖에 없었다. 집안에 도움을 청할 사람도 없었고, 주위에 진로를 상의할 마땅한 사람도 없었다. 나는 서울에서 철저히 혼자였다. 일이 고

된 것보다 희망이 보이지 않는다는 것이 가장 힘들었다. 형편이 어려워도 성격만큼은 밝았는데, 시간이 갈수록 자신감이 떨어졌다. 초라해진 내 모습이 싫었다. 보람도 없고 희망도 없는 무기력한 나날이 이어졌다.

그러던 어느 초여름의 퇴근길, 나는 여느 때와 같이 도시락 가방을 메고 퇴근길을 나섰다. 을지로 2가 명동 중앙극장(2010년 폐관)으로 건너는 건널목에서 신호등이 바뀌길 기다리는데, 갑자기 교통경찰들이 호루라기를 불며 보행을 차단했다. 조금 기다리니 남녀 대학생들이 어깨동무를 한 채, 노래를 부르고, 춤을 추며 자유분방하게 시가행진을 벌이는 것이 아닌가. 연고전 축제 중이라고 했다. 대부분 내 또래였는데 나랑은 전혀 다른 세계에 사는 아이들 같았다. 모두가 밝고 행복해 보였다.

그들의 행진을 보고 있자니 온갖 생각이 떠올랐다. 하늘을 찌를 듯 활기찬 청춘 남녀의 모습과 세상 밑바닥에 힘없이 늘어져 있는 내 모습. 세상을 다 가진 듯 자랑스럽게 뛰어가는 연고대 학생들의 모습과 빈 도시락 가방을 메고 부러워하며 우두커니 서 있는 내 모습. 모든 면에서 상반되었다. 나도 모르게 눈물이 나기 시작했다. 거리에서도, 버스 안에서도 눈물이 멈추지 않았다. 창밖을 보는 척하며 소리 죽여 흐느꼈던 기억이 난다. 나는 엄청난 충격을 받았다. 이대로는 도저히 못 살겠다는 생각이 들었다.

그날 밤, 생애 처음으로 목표라는 게 생겼다. 대학을 가야겠다고 결심한 것이다. 다음날 퇴근길에 곧장 종로2가 YMCA 건너편에 있는 EMI라는 학원으로 가서 야간부에 등록했다. 그렇게 계획도 전략도 없는 무모한 도전이 시작되었다.

주경야독,
밑바닥에서 탈출하다

불이 불꽃을 찾는 것과 마찬가지로
사람들은 도전을 찾는다.
- 중국 격언

　막상 입시 공부를 하려고 보니 난감한 게 한둘이 아니었다. 대부분 처음 배우는 교과목이었고 국어, 영어, 수학 수준은 중학교 3학년 수준밖에 안 되었다. 상업고등학교 출신이라 인문계와 배운 과목 자체가 달랐던 것이다.

　실력도, 시간도, 환경도 모든 것이 부족했다. 학원 야간부 수업은 저녁 6시에 시작되어 밤 10시까지 이어졌다. 그러다 보니 수업 진도가 빨라서 따라잡기가 어려웠다. 집에서 새벽 2시까지 책을 잡고 있어도 시간이 턱없이 부족해서 예습은커녕 그날 배운 진도를 복습하기도 빠듯했다. 출퇴근 시간이라도 절약해보려고, 남들은 하기 싫어하는 말뚝 숙직을 자청했다. 낮 동안 인쇄소 잔심부름을 하는 중에도 책을 항상 갖고 다녔지만 시간은 늘 부족했다.

이렇게 반년을 공부했지만 그해 예비고사에 낙방했다. 당시 사정을 고려하면 낙방은 오히려 당연했다. 그렇지만 무슨 시험이든 일단 떨어지면 속상한 법. 자존심이 상하고 오기가 생겨 다시 시작하지 않을 수 없었다. 이듬해에는 군대를 가야 했으므로 도전할 기회는 한 번밖에 없었다.

그런데 공부를 하면 할수록 부족한 과목이 보였다. 모의고사 점수도 예상 점수보다 낮았다. 하는 수없이 새벽에 시작하는 다른 학원 단과반에 추가 등록했다. 새벽 2시까지 공부하고 새벽 5시에 다시 일어났다. 사발시계 알람소리를 못 들어 결석하는 날도 있었다. 간신히 일어나 출석은 했으나 반은 졸다 나온 날도 있었다. 그런 날은 오전 내내 우울했다.

회사 심부름을 갈 때는 버스 속에서 책을 보거나 부족한 잠을 보충할 수 있어서 먼 거리 심부름일수록 오히려 나서서 하려고 했다. 깜빡 잠들어서 내릴 정거장을 지나치거나 종점까지 가는 날도 더러 있었다. 왜 이리 늦게 왔냐고 호되게 꾸중을 듣기도 하고, 촌놈이 오는 길에 뱀 장수 구경하고 왔다며 놀림을 받기도 했다.

그 당시에 만난 잊을 수 없는 친구가 있다. 나보다 한 살 어린 '박

중호'라는 친구다. 그는 내가 다니던 인쇄소에 나보다 나중에 입사한 후배였다. 충청도에서 올라온 중호는 초등학교를 졸업하고 검정고시로 중학교 졸업 자격을 땄다. 그런데 내가 공부하는 것을 보고는 자기도 고등학교 검정고시 공부를 더 하고 싶다고 했다. 중호는 곧장 검정고시 학원을 등록했다. 함께 공부하는 친구가 생겨 참 반갑고 좋았다. 학원에서 먼저 돌아오는 사람이 밥도 하고 설거지도 했다. 중호는 늘 먼저 일어나서 새벽잠이 많은 나를 깨워주었다. 양은 세숫대야를 꽹과리 삼아 내 귀에 대고 두드리며 잠을 쫓아준 일이 여러 번이었다. 그렇게 소소한 추억을 쌓아가며 몇 개월간 같이 공부했다.

그러던 어느 날, 예상치 못한 일이 벌어졌다. 사무실로 전화 한 통이 왔다. 대한극장 건너편 버스정류장에 우리 인쇄소 봉투를 든 아이가 쓰러져 있다는 전화였다. 중호였다. 공장장이 달려가서 들쳐업고 병원에 갔는데 의사선생님이 진단한 병명은 영양실조였다. 외부에 심부름을 다녀온 나는 그 소식을 듣고 뒤늦게 병원으로 달려갔다. 중호는 링거액을 맞고 있었다. 그는 창백한 얼굴로 나를 보더니 겸연쩍게 웃었다. 붉어진 눈시울로 애써 웃는 모습이 안쓰러워 눈물이 핑 돌았다. 손만 한 번 잡아주고 아무 말 못하고 병원을 나서는데 가슴이 미어졌다.

시험이라는 목표만 보고 달리느라 힘들다는 생각을 할 겨를이 없었다. 그러다 그때 처음으로 중호에게 동병상련을 느끼며 우리 처지를 실감했다. 세상에 대한 설움까지 북받쳐 초동극장 담벼락 아래서 펑펑 울었다.

중호에게 너무 미안했다. 중호는 내가 지겹게 먹은 마가린 밥, 그마저도 비위가 약해 잘 챙겨 먹지 못하고 맨밥에 물 말아 김치 몇 조각으로 끼니를 때우는 일이 많았다. 몸이 약해진 중호는 퇴원 후 형님네 집으로 들어갔고 나는 다시 혼자가 되었다. 입시 공부를 놓지는 않았지만 내게도 그 충격은 쉽게 잊히지 않았고, 중호를 떠올리며 마가린 밥이나마 더 열심히 먹은 기억이 난다.

10월 초, 입시를 한 달 남겨 놓고 모의고사를 봤다. 결과는 썩 좋지 않았다. 커트라인에 아슬아슬 걸쳐 있었다. 불안했다. 사장님께 사정 이야기를 하고 한 달만 휴직을 해야겠다고 했다. 그랬더니 사장님께서 쉬는 동안에도 봉급은 줄 테니 더 열심히 공부해서 꼭 붙으라고 격려해주셨다. 그때 그 고마움은 평생 잊지 못할 것 같다.

그 덕에 광화문 뒷골목의 삼육 독서실에 들어가 한 달을 공부에 매진할 수 있었다. 시멘트 바닥에 얇은 이불 하나 펴 놓고 새우잠을 자며 공부했다. 당시 끼니는 거의 라면으로 때웠다. 환경은 열악했지만 마음만은 펄펄 날아다녔다. 등짐을 지고 뛰다가 맨몸으로 뛰는 기분이었다. 하루 온종일 일 걱정 없이 공부만 할 수 있는 시간이 주어진 것은 처음이었으니… 잊을 수 없는 한 달이었다.

이렇게 간난고초를 이겨 예비고사에 합격했고 명지대학교 76학번 야간부에 들어갔다. 비록 서울대, 연세대, 고려대 합격은 아니지만 자신이 생겼다. 연고대 학생들이 다시 한 번 무리를 지어 내 앞을 지나가도 부럽지 않을 만큼 마음이 커졌다. 그들이 SKY에 들어가는 일보다 내가 명지대 야간에 들어가는 과정이 몇 배로 힘들었기 때문이다.

세상 밑바닥, 세상 끝에 서 있던 내가 대학 입학으로 희망과 용기를 얻었다. 공부든, 일이든, 다른 무엇이든 세상의 혜택을 받은 이들만큼 나도 할 수 있다는 자신감을 얻은 것이다. 세상이 내게는 마가린 밥, 중호에게는 맨밥에 김치만 주었어도 가난이라는 숙명에서 벗어나 정말 '잘' 살고 싶었다. 그래서 성실하게 뛰고 무데뽀로 도전했다. 세월이 지나 뒤돌아보니 내게 평생 약이 된 시간이었다. 가난을 물려받은 유산의 비애가 나를 이롭게 한 것이다.

무모한 도전,
취업 대신 창업

세상 버리고 사는 이 몸 찾는 이 없고 우수만이 나를 감싸네.
세상 사람들은 즐거움을 찾아 유람하고 잔치 벌이며 피로한 줄 모르는데
어째 나만 홀로 회한에 젖어 이리저리 헤매고만 있는가.
– 시인 고계의 고시(古時) 〈내 슬픔은 어디서 오는가〉

　　중국의 철학자 장자의 사상을 담은 《장자》에 〈소요유편(逍遙遊
篇)〉이 있다. 우리말로 간단히 풀이하면 인생 여행자의 눈으로 경계
없이 유유하게 거닌다는 것이다. 끝없는 내면세계와 경계 없이 아득
하게 넓은 정신 공간에서 어떤 세속적 가치에도 방해받지 않고 정신
의 해방을 이루는 대자유의 경지를 의미한다고 한다. 장자처럼 오래
철학을 생각하고 깨우쳐야 이러한 경지를 터득해 인생을 살겠지만
우리처럼 평범한 사람들은 그저 세속 안에서 희로애락을 반복하며
살아갈 뿐이다.

중국으로 건너와 지난 10년간 주어진 내 삶에 집중하며 인생 여행자의 눈으로 지내고 보니, 이제야 내 삶과 세상만사를 유유히 돌아보게 된다. 앞서 젊은 시절에 이룬 작은 성취에 대해 썼으니 이번에는 실패에 대해 이야기하려 한다. 실패라고 하기에는 약하다. 실은 대망이고 대참사다. 다 지난 지금에야 인생에 어려움 한 번 없겠냐며 넘기지만, 성공에 집착했던 당시에는 실패를 재기 불능으로 생각했다.

대학을 졸업했으나 가난은 여전했다. 처가의 도움으로 결혼까지 하고 나니, 더 빨리 돈을 벌어야 한다는 조급증이 생겼다. 돌보아야 할 새 식구와 처가에 진 마음의 빚도 걱정이었지만 빨리 돈을 벌어 평생 고생만 한 부모님을 조금이라도 돕고 싶다는 간절함이 컸다. 당시 내 머릿속은 이랬다.

'돈을 벌어야 행복한 삶, 돈을 벌어야 성공한 인생이다.'

그 짧은 생각이 '내 삶'이 아닌 '남의 삶'을 살도록 했다. 첫 단추를 잘못 채운 줄은 꿈에도 몰랐다.

오래전부터 인쇄 분야는 적성에 맞지 않다고 생각해 대학 졸업 때까지만 하려고 했는데, 결혼까지 하고 보니 사정이 달라졌다. 당시 대학에서 교직과목 학점을 이수했기에 교직으로 갈 수 있었고, 전공을 살려 무역회사로 이직할 수도 있었다. 그러나 그 방법으로 인생 역전을 하려면 시간이 너무 걸릴 것 같았다. 당장 눈앞에 놓인 가난을 해결하기 위해서는 힘이 들더라도 지름길이 필요하다고 생각했다. 명백히 조급함이었다.

지난 10여 년 동안 현장에서 배우고 익힌 것이 인쇄 분야이니, 아는 분야에서 내 사업을 펼치기로 했다. 이유는 단 하나였다. 이 분야에서 돈벌이가 더 빠르겠다는 판단 때문이었다. 결혼과 동시에 내 이름으로 '아신기획'이라는 사업자등록을 내고, 아주 작은 인쇄소 간판을 걸었다.

그때 내 나이 스물여덟이었다. 세상 경험을 쌓고 공부를 더 해야 할 나이였다. 사업이 얼마나 힘든 것인지도 모르고 또다시 무모한 도전을 시작한 것이다. 대학 입시에 도전할 때처럼 의지만 가지고 덤벼든 형국이었다. 무모했다는 것을 알아차릴 때까지는 그리 긴 시간이 걸리지 않았다.

사업은 변화무쌍한 실전 무대다. 때론 따뜻한 온정도 만나지만, 대체로 냉정하고 무정한 곳이다. 먹고 먹히는 정글 같은 살벌함, 잔혹함도 있다. 그래서 사업은 경험과 준비 과정이 반드시 필요하다. 운영 자금도 부족하고, 전략전술도 없는 인생 초보가 덤벼들 무대가 아니다. 사업이 그토록 어렵고 험한 길임을 미리 알았다면 아마 시작도 안 했을 것이다.

공부는 매달리는 만큼 성과가 나온다. 사업은 다르다. 열심히 한다고 되는 것이 아니다. 나무 한 그루가 제대로 자라려면, 토양과 햇

빛, 수분과 온도, 여러 조건이 다 맞아야 되듯이 사업도 마찬가지다. 기술, 자금, 관리, 영업, 세무, 인사, 물류 등 여러 요소 중 하나만 부실해도 전체가 흔들린다. 뿐만 아니라 시대 흐름과 세상 흐름 모두를 살핀 다음에야 노력의 대가가 돌아온다. 개인사업자는 이 모두를 혼자서 결정하고 혼자 힘으로 해결해야 한다. 직장생활 스트레스는 아무것도 아니라고 할 정도로 스트레스 강도가 다르다. 오죽하면 '사업은 예술이다'라는 말까지 있겠는가?

인쇄소 수입은 일정하지 않아서 기복이 심했다. 그러다 보니 늘 긴장의 연속이었고, 생활이 불안정할 수밖에 없다. 하지만 되돌릴 수가 없었다. 시작한 이상 되돌리기에는 이미 늦었다. 아무리 어려워도 버티고 나갈 수밖에 없다. 사업은 중도에 그만두면 반드시 손해를 보게 되어 있다. 투자 금액 회수도 어려운 것이다. 게다가 어렵다고 철수하는 것은 자존심이 허락하지 않았다. 이래저래 퇴로는 없었다.

인쇄 사업은 까다로운 사업 아이템이다. 그중 한 가지만 이야기하면, 완제품이 나오기까지 최소한 5~6회 이상 거치는 공정마다 전문가의 손을 거쳐야 한다. 여러 공정 중 하나만 잘못되어도 클레임으로 이어진다. 클레임이 걸리면 재사용이나 재활용이 불가능하여 100% 손실로 연결된다. 모든 공정이 사람의 손을 거쳐야 하는 일이라 아무리 조심해도 크고 작은 클레임이 발생한다.

대형 반품 사고가 생기면 회복하는 데까지 1년 가까이 걸린다. 대형 사고일수록 혼자 조용히 삭혀야 한다. 힘들다는 소문이 나면 협력업체와 신용 거래가 어려워진다. 해결 방법은 없고 괜한 걱정만 끼치게 되니, 집에 가서도 이야기할 수 없다. 이런저런 사고로 잠을 설치는 일이 다반사지만, 혼자서 버티고 또 버티며 나가는 수밖에 없다. 당시 내게 사업 실패는 곧 인생 낭떠러지였기에 어떤 일이 있더라도 '안 되면 되게 하라'는 일념뿐이었다.

사업을 시작하고 힘든 일이 수없이 많았지만 일거리도 늘어나고 직원도 늘어났다. 다행스러웠던 것은 그토록 원했던 모진 가난이 걷혔다는 것이다. 사업이 안정되면서 시골에 텃밭 하나와 꽤 넓은 집을 장만하여 부모님께 도움을 드릴 수가 있었다. 서울에 자그마한 집도 장만하고 자가용도 장만했다.

그런데 간신히 가난에서 벗어나는구나 싶던 그 시기에 큰 문제가 기다리고 있었다. 컴퓨터 시대가 시작되면서 인쇄업계도 한 시대가 바뀌고 있었던 것이다. 수작업으로 하는 아날로그 시대가 막을 내리고, 많은 부분에서 자동기계 시스템으로 전환되기 시작했다. 구형 인쇄 기계들도 고가 첨단 기계로 교체해야 했다. 활판 인쇄가 갑자기 막을 내리는 시기였던 것이다. 활자 지형 신문 인쇄도 윤전기 오프셋 인쇄로 바뀌어서 기존 수작업 인쇄 기술자들은 하루아침에 실업자가 되는 일이 벌어졌다.

인쇄업계도 빈익빈 부익부 현상이 심화되었다. 자본력이 약한 소규모 회사는 자동기계 시스템 전환이 원활하지 않아서 경쟁력이 급격하게 약화되었다. 시대 변화의 큰 흐름 앞에서는 열심히 노력한다고 어떻게 되는 것이 아니다. 어떤 방법이든지 변해야 했다. 변해야할 때 변하지 못하면 어떤 기업도 살아남지 못한다.

한창 고민을 하던 중에 우연히 만난 친구 두 명과 함께 광고 회사를 만들어보자는 데 의견이 모였다. 간판도 아신기획에서 (주)아신광고로 바꿔 달았다. 하드웨어는 내가 운영하는 사업 시스템을 이용하고, 소프트웨어는 광고 회사 출신 친구가 지원하고, 추가 필요 자금은 또 한 친구가 지원하기로 했다.

광고 사업은 어렵고 힘들었지만 묘한 매력이 있는 사업이었다. 소비자를 설득하기 위해 각 분야의 크리에이티브가 함께 어우러져서 창작이 이루어진다. 인쇄 사업을 할 때 느껴보지 못한 재미와 보람이 있었다. 일을 완성해 가는 과정이나 규모 면에서도 인쇄 사업과는 비교가 안 되었다. 그만큼 신경을 써야 하는 일도 많아졌다.

인쇄 사업은 나 혼자 열심히 뛰면 성과가 나오는 일이었지만, 종합광고 대행 사업은 팀워크가 맞아야 일이 되는 것이다. 예를 들어영업 기획, 디자인부, 제작 지원, 촬영, 매체 관리, 카피라이터 등 모든 분야에서 전문성을 요하는 전문 인력들의 컨소시엄이 있어야 일이 된다. 힘들게 만들어진 TV광고가 전파를 타고 방송으로 나올 때,

신문광고나 잡지광고가 각종 매체에 실릴 때, 그리고 광고 목표에 도달하여 광고주가 만족할 때 짜릿한 희열을 맛보았다.

촌놈 사업가,
2% 방심이 부른 화

높이 올라갈수록 깊이 떨어지는 법이다.
　- 중국 속담

　사업의 출발은 비교적 순조로웠으나 시간이 흐를수록 적자가 누적되기 시작했다. 노력을 해도 상황은 좀처럼 회복되지 않았다. 신생 광고회사로서 경쟁사와 비교하여 맨 파워 조직과 차별화 요소가 약했기 때문이다. 경쟁력이 약한 상태에서 공개 프레젠테이션을 거쳐 우량 광고주를 유치한다는 것은 하늘의 별을 따는 것만큼 어려운 일이었다. 그러다 보니 부실한 광고주를 만나게 되고, 밤새워 일한 결제대금은 미루어지기 일쑤였다. 광고주에게 부도를 맞는 일까지 왕왕 생겼다.

누적된 적자로 인한 어려운 고비를 넘기지 못하고 시작한 지 얼마 안 되어 팀워크가 깨지는 최악의 상황을 맞았다. 추가 자금을 투자한 친구는 시설 투자금 손해를 많이 보았고, 광고 회사 출신 친구도 아까운 시간만 허비하게 되었다. 문제는 남은 직원들과 나였다. 사업은 굴러가는 자전거와 마찬가지여서 멈추면 넘어지고 만다. 적자가 나서 힘들다고 멈추면 넘어진다. 한 번 넘어지면 다시 일어나기가 더더욱 어렵다.

그동안 수많은 어려움이 있었다고는 하지만 이 상황은 차원이 다른 어려움이었다. 사업을 시작하고 자금난이 가장 심했던 시기가 이때쯤이었다. 강남 신사동으로 옮긴 큰 사무실의 임대료와 불어난 직원들의 급여, 매월 유지비 및 고정비 지출이 장난이 아니었다. 계속할 수도 없고 사업을 그만둘 수도 없는 상황, 한마디로 진퇴양난이었다.

직원들에게 상황을 솔직하게 이야기하고 구조조정 협조를 부탁했다. 우선 회사는 살아남아야 했기에 최소 인원으로 무게를 줄이는 것이 급선무였다. 단 새로운 직장을 구할 때까지는 근무해도 좋다는 이야기를 했다. 사업을 시작하고 후퇴를 하는 것은 그때가 처음이었다. 내 월급은 고사하고 집을 저당 잡혀 직원들 월급을 줘야 하는 상황이 계속됐다.

직원들의 희생과 배려로 적자 폭은 많이 줄였지만 지금부터가 문제였다. 경쟁력이 약한 기업광고 파트를 줄이고 경쟁력이 있는 인쇄 파트를 보강했다. 우선 살아남아야 하는 최선의 응급조치였다. 현상 유지가 급급한 운영이 계속됐다.

서울에 처음 올라와서 꿈이 없던 시기와 비슷한 어려움을 느꼈다. 꿈이 없는 것이 진짜 어려움이라는 걸 다시금 느꼈다. 회사가 어려울 때일수록 사장은 직원들에게 꿈을 제시해야 할 의무가 있다는 걸 알면서도 방법이 없었다. 사업을 시작한 이래 가장 힘들었던 시기였다. 어렵고 답답한 시간이 몇 개월째 흐르고 있을 때 기적같이 기회가 찾아왔다.

프랑스 소설가 파울로 코엘료(Paulo Coelho)의《연금술사》에는 "해 뜨기 전이 가장 어둡다."라는 말이 있다. 그 말을 몸으로 느끼게 된 사건이었다. 인생의 모진 어둠을 밝히려는 듯이 기적같이 찾아온 한 줄기 빛. 그것은 하나의 아이디어였다.

어느 이른 아침이었다. 지인의 연락처를 찾느라 한 뭉치의 명함을 살피다가 문득 아이디어가 떠올랐다. 무수한 명함들에는 하나같이 특징이 없었다. 당시만 해도 대부분의 명함은 소형 활판 인쇄물이었다. 흰 종이에 검정 글씨가 다였다. 이 명함에 광고 기능을 넣어서 개성 있는 명함을 만들면 반응이 있겠다는 생각이 들었다.

디자이너를 불러 슬라이드 자료실에서 분야별 필름 박스를 가져오라고 했다. 전자 회사는 전자제품 사진을, 컴퓨터 회사는 반도체

칩을, 자동차 회사는 그 회사 자동차 사진을, 가구 회사는 멋진 가구 사진을 이미지 컷으로 사용하여 고급 오프셋 인쇄로 컬러이미지 명함 샘플을 만들었다.

결과는 기대 이상이었다. 명함이 멋진 광고물로 탄생한 것이다. 지금까지의 명함은 신분 확인, 연락처 기능만 했다면, 우리가 만든 컬러이미지 명함은 한 번 받으면 오래 기억되는 개성 있는 광고물이었다. 이렇게 오프셋 인쇄로 제작된 컬러이미지 명함은 명함 시장을 확 바꿔 놓았다. 입소문을 타고 주문이 몰려들기 시작했다. 곧바로 컬러이미지 명함에 향기 나는 기능까지 첨가했다.

얼마 지나지 않아 우리 명함 열풍이 SBS 〈모닝와이드〉에 방송되었다. 조선일보, 중앙일보, 동아일보 등 주요 일간지는 물론 거의 대부분의 신문과 잡지에 기사화되었다. 흔한 말로 "자고 일어나니 스타가 되어 있었다."는 말을 실감했다.

매스컴의 위력은 대단했다. 본래 있던 광고 사업부와 인쇄 사업부보다 명함 사업부가 몇 배나 더 커졌다. 밀려드는 명함 주문을 소화하려면 기계와 시설도 더 필요했고, 직원도 더 충원해야 했다. 공간이 부족해졌다. 서둘러 서울 논현동에 위치한 4배 이상 넓은 공간으로 확장 이전을 했다. 주문이 폭주하니 일이 바빠져서 사는 집도 회사와 가까운 압구정동으로 이사했다.

넓은 사무실과 디자인 작업실, 지하에 인쇄, 컷팅, 포장, 배송을 하는 원 스톱 공장 라인까지 확보했다. 직원도 40명이나 더 늘었다. 명함을 주문받아 납품하는 지사가 서울은 물론 부산, 대구, 광주, 제주도까지 전국 300여 개로 생겨났다. 때는 IMF 직후였다. 온 나라가 비탄에 빠져 있는데 우리 회사만 호황을 누렸다. 현금으로도 자재를 구하기 어려운 판이었는데, 자재 거래처에서는 외상으로도 얼마든지 물건을 가져가라고 할 정도였다.

컬러 명함, 향기 나는 명함에 이어 '동네 사람들'이라는 명함 광고대를 개발했다. 유명한 산업 디자이너 한 분을 소개받아 최고급 자재를 사용하여 광고대를 만들었다. 이 광고대는 브랜드 명대로 동네 사람들이 많이 드나드는 은행, 관공서, 학원 등에 세워 두고 동네 자영업자들의 광고용 명함을 꽂아주는 등 우리 지사에서 명함을 이용한 광고를 직접 관리해주는 사업이었다.

길거리와 아파트에 불법 광고물들이 줄어들고, 동네 자영업자들은 최소 비용으로 광고 효과를 낼 수 있었다. 주민들은 동네 생활 정보를 한눈에 접할 수 있어서 편리했고, 은행과 관공서에서도 광고대를 무료로 설치해주니 고객 서비스 차원에서 마다할 이유가 없었다. 우리 회사로서는 명함 사업부와 시너지 효과를 낼 수 있는 광고 아이템이 생겨 좋았다. 광고대 관리를 위해 직원을 충원하는 과정에서 더 많은 일자리를 창출했다. 이런저런 장점이 많으니 신문과 방송에서 하루가 멀다 하고 전국으로 보도를 내보냈다. 회사는 홍보가 저절로 되었다.

여기에 그치지 않고 한 발짝 더 나갔다. 종합광고 대행 사업부를 접고 본격적으로 '개인광고 대행'이라는 새로운 시장을 개척하기로 했다. 광고계의 새로운 분야를 개척하겠다는 야심찬 사업이었다.

종합광고 대행 시장은 대부분 대기업이 주된 광고주다. 반면 개인 광고 대행 시장은 동네에서 소규모로 가게를 운영하는 자영업소 사장, 보험·자동차 영업사원, 학습지 교사 등 프리랜서가 주된 광고주다. 이들은 규모만 작을 뿐이지 합리적이고 경제적인 광고 방법을 필요로 하는 것은 마찬가지다. 이들에게 광고 컨설팅을 해주는 전문 인력을 양성하기 시작했다. 당시 교육을 맡아준 전문 인력으로 제일기획 기획본부장 출신, 삼희기획 제작본부장 출신, 당시 최고의 프리랜스 카피라이터, 국내 최고의 능력개발 트레이너 등 쟁쟁한 강사들이 참여했고 그들 모두 이 프로젝트의 필요성과 비전에 적극적으로 공감해주었다.

그런데 이렇게 야심차게 출발한 프로젝트가 예상치 못한 곳에서 암초에 부딪히고 말았다. 기회가 한 줄기 빛처럼 나타났다면 위기는 도둑처럼 다가왔다. 거침없이 나아가던 사업이 갑자기 낭떠러지로 곤두박질쳤다.

원인은 100% 대표자의 경영 능력 부족이었다. 사업 19년 차, 매출 절정기에 말로만 듣던 부도 기업이 되었다. 2%의 방심이 화를 부른 것이다.

　세월이 지나 뒤돌아보니, 나에게는 사업가로서 결정적인 결점이 있었다. 촌놈 DNA가 있어서 감정에 치우치는 감성 경영을 했던 것이다. 한마디로 표현하자면 정이 많은 촌놈 사업가였던 것이다.

말로만 듣던
끔찍한 사업 도산

무릇 싸움이란 정으로 합하고, 기로 이기는 것이다.
－《손자병법》, 〈병세편〉

사업은 첫째도 사람, 둘째도 사람, 셋째도 사람이라는 말이 있다. 사업과 인생은 만나는 인연에 따라 흥망이 갈린다는 말을 절절히 체험했다. 어느 날 우리 회사에 자재를 납품하는 회사 사장이 다급하게 찾아왔다. 5백만 원이 부족하여 부도가 날 상황이라고 하며 도움을 청했다. 부담 없는 금액이라 막아주었다. 문제는 시간이 지나면서 부탁하는 금액이 커진 것이다. 개발해 놓은 자재가 시판되면 해결된다는 이야기를 믿었던 것이 화근이었다.

이 시기에 급한 자금을 부탁하는 사람이 또 있었다. 부동산 개발 사업을 하는 지인이었다. 외자 유치를 해놓았는데 다음 달이 되면 해결되니 현금이 없으면 어음이라도 활용하게 해 달라고 도움을 요청했다. 약속과 달리 몇 개월이 지나도 해결이 안 되었다. 엉뚱한 일로 자금 압박이 오기 시작했다.

실수를 여기서 멈추었으면 최악은 면할 수 있었는데 '불운은 혼자 오지 않는다'라는 말처럼 또다시 악연을 만났다. 이번에는 사기 전과자였다. 불이 난 집에 기름을 들이부은 형국이 되어 소문으로만 들었던 강남의 고리사채업자까지 만났다.

나는 사정을 자세히 알아보지도 않고 사람들이 다급하게 하는 말을 쉽게 믿는다. 교도소에 다녀오면 새 삶을 사는 사람도 있지만 실력이 향상되어 오는 사람도 있다. 나는 후자를 만나 상상을 초월하는 세상을 경험하게 되었다.

세월이 지나 뒤돌아보니 오가는 인연은 모두가 자업자득이고 사필귀정인 것을 누굴 원망하고 탓할 수 있으랴. 사람은 누구나 자신과 가족의 행복을 위해 최선을 다한다. 원래부터 나쁜 사람은 없다. 다만 처해진 상황에 따라 사람의 마음이 변하는 것일 뿐…. 나는 사람 보는 눈도 없었고, 조심성도 없었으며, 인생 경험이 절대적으로 부족했다. 부주의로 던진 담배꽁초 하나가 삽시간에 온 산을 태우는 것처럼 19년 공든 탑이 순식간에 잿더미가 되었다. 결과는 참담했다. 말로만 듣던 사업 실패였다. 그 뒤에는 상상 이상의 고통이 기다리고 있었다.

사업 도산 마무리는 살벌하다. 결국 돈 문제다. 큰돈이든 작은 돈이든 돈 앞에서 사람은 예민해진다. 부모 형제도 몰라보게 하는 것이 돈이다. 손해가 예상될 때는 가슴을 후벼 파는 말만 골라서 한다. 어제까지 오간 정은 한순간에 사라진다. 돈이 인품이고, 진리이고, 정의가 되는 순간이다. 사업 실패자는 죄인이 아니라 '사람이 아니다'라는 말이 정확하다.

회사가 도산할 즈음에는 사업주인 사장은 대부분 피신을 한다. 대금을 줘야 할 사람들은 나타나지 않고, 채권자들은 한 푼이라도 손해보지 않으려고 온갖 협박과 욕설을 퍼부으며 험악한 상황을 만들기 때문이다. 주변에서 우선 피하라고 권하는 사람이 있었지만 나는 그 방법을 택하지 않았다. 가족들에게 최악의 상황을 떠넘기고 싶지 않았고, 더 이상 내 마음이 비참해지기 싫어서였다.

마지막 날이었다. 사무실 집기, 컴퓨터, 공장 기계 등 밀린 임대료로 주고, 아내와 둘이서 문을 닫았다. 19년 전 처음으로 회사 문을 연 날도 아내와 둘이서 열었고, 그 문을 완전히 닫은 날도 아내와 둘이서 닫았다. 파란만장했던 19년을 뒤로하고 사무실을 나서던 그날이 지금도 잊히지 않는다. 그날의 허망함과 절망은 말로 표현할 길이 없다. 집으로 돌아오는 길, 나는 갓길에 차를 세우고 통곡을 하며 몸부림쳤다. 내 인생에서 가장 참담하고 부끄러운 모습을 아내에게 보였다.

　회사 일은 마무리했지만 가족의 고통은 그때부터 시작이었다. 우리에게는 앞날에 대한 대책이 전혀 없었다. 지혜로운 사업주는 회사가 망해도 가족의 피해를 최소화하며 정리를 한다는데, 나는 그런 대비를 전혀 하지 않았다. 그것이 마지막 자존심이자 양심이라고 생각했다. 사업 경영도 촌놈같이 하고, 사업 실패 마무리도 촌놈같이 했다.

　72평이나 되는 넓은 집에서 살다가 이사를 간 곳이 월계동. 월 30만 원의 사글세, 골목 안에 있는 6평짜리 작은 집이었다. 두 사람씩 잠만 겨우 잘 수 있는 작은 방이 두 개였다. 화장실은 아래층에 딸려 있었다. 짐을 놓을 곳이 없어서 피아노, 에어컨, 장롱 등은 전부 버리거나 이웃에게 주고 왔다. 옷 놓을 장소도 없어서 몇 가지만 내 놓고 주인집 창고에 박스채로 넣어두었다.

　그 당시 딸이 중학교 3학년, 아들이 고등학교 2학년이었다. 아이들에게 가장 중요한 때 이 난리를 겪었다. 아내는 이사하고 나서 하루 종일 방에만 있었는데, 며칠 후 아침에는 눈이 안 떠질 정도로 얼굴이 퉁퉁 부어올라 있었다. 병원에서 스트레스성 급성 신장염이라는 진단을 받았다. 얼마나 속이 상하고 힘들었으면 그랬을까? 지금도 그 생각만 떠오르면 마음이 아프다.

　이사하고 얼마 지나지 않아 아이들 등록금을 내야 했는데 그 돈마저 없었다. 학교에 극빈자 대상 면제 신청을 하겠다는 소리를 아내에게 들었다. 기가 막혔다. 중·고등학교 등록금은 얼마 되지도 않는 돈인데, 아이들이 친구들과 선생님한테 얼마나 창피할까! 나도 어릴 때 겪어본 설움이라 아이들 마음이 헤아려졌다. 아버지로서 할 말을 잃고 밖으로 나가 버렸다.

지금도 그 당시를 생각하면 아들딸에게 너무너무 미안하고 고맙다. 자기 방도 없고, 화장실도 열악하고, 불편하기 그지없는 환경인데도 불평 한 번 하지 않았다. 친구들 보기가 부끄럽다는 내색도 없이 등록금 면제 신청까지 했다. 과외니 학원이니 보내 달라는 말도 없었고, 압구정동에 있는 학교까지 한 시간이 넘는 통학 거리도 투정 한 번 없이 오갔다.

자식 때문에 산다는 말도 맞고, 아이가 어른을 철들게 한다는 말도 맞다. 그즈음 나는 동네 뒷산에 올라가 벤치에서 밤을 지새우는 날이 많았다. 애들 볼 면목이 없어 마주 보고 밥 먹는 시간도 괴로웠기 때문이다. 애들이 학교에 가고 나서야 집으로 돌아왔다. 이렇게 노숙자가 되는구나 싶었다. 삶의 희망과 의욕을 잃어 잠시 어리석은 생각도 했다. 하지만 차마 결행할 수가 없었다. 아버지가 이 사달을 내도 말없이 가방을 메고 학교로 가는 아이들의 뒷모습이 눈앞에 아른거렸기 때문이다.

시간이 지날수록 답답함도, 괴로움도 사치스럽게 느껴졌다. 가족의 생계가 절박했기 때문이다. 무슨 일이든 해야 식구들이 밥을 먹을 수 있었다. 가진 기술이 없어 취직은 어렵고, 작은 장사에도 밑천이 있어야 했다. 이리저리 알아봤지만 도무지 가닥이 잡히지 않았다. 더 이상 미룰 수 없는 시기까지 이르렀다. 공사판에 나가 막노동이라도 해야겠다고 결심했다.

이 답답한 시기에 한 친구가 도움을 주었다. 동네에 있는 수암약국 약사였다. 내가 월계동으로 이사 온 사정을 유일하게 잘 아는 친구였다. 약국 지하에 약을 보관하는 창고가 있었는데, 안 쓰는 책상도 하나 있었다. 좁은 집에 식구들과 함께 있는 시간이 괴로우니 창고를 좀 쓰면 안 되겠냐고 부탁을 했다. 여간한 믿음이 아니면 들어주기 힘든 부탁이었는데, 사용하라며 선뜻 열쇠를 내주었다.

참 고마웠다. 신문도 읽고, 책도 읽고, 밤에는 차가운 이슬도 피할 수 있어서 좋았다. 혼자 있는 시간만은 마음이 편했다. 가장 어려운 시기에 받은 배려라서 아마 평생 잊지 못할 것 같다. 창고에서 지난 실패도 정리하고 새로운 계획도 세웠다.

그 당시 또 한 가지 괴로웠던 점은 별안간 찾아온 적막함이었다. 평생 바쁘게 살다가 갑자기 오갈 데도 없고, 할 일도 없으니 힘들었다. 날이 밝아도 갈 곳이 없고, 안부 전화를 나눌 곳도 없었다. 연말연시면 지인들의 연하장이 천 장도 넘었는데, 하루아침에 연락이 끊어지고 적막강산이 되어 버렸다.

사업 실패 한 번에 소중하다 여겼던 숱한 인연이 하루아침에 연기처럼 흩어져 버렸다. 그 모습에 다시 한 번 절망했다. 만날 친구도 없었지만 안부 전화를 나눌 용기조차 없었다. 배신감, 원망, 야속함, 자괴감, 회한으로 범벅이 되었다. 철딱서니 없는 어린아이처럼 바람만 불어도 서운한 생각이 물밀 듯 밀려왔다.

상당한 시간이 흐르고서야 모든 것이 내 탓이고, 세상 이치라는 것을 깨달았다. 세월이 지나 되돌아보니 그 시기는 인연과 재물의 무상함을 온 몸으로 느낀 귀한 시간이었다.

한 번도 생각 못한
장사에 입문하다

원래 수공업자가 없으면 농기구도 없고, 상인이 없으면 재화가 유통되지 않는 법이다.
생산이 감소하면 재화의 흐름이 막혀 국고는 궁핍해질 것이다.
– 환관,《염철론》

"정의란 무엇인가?"

미국의 베스트셀러 작가이자 정치 철학자 마이클 샌델(Michael j. Sandel)이 우리에게 던지는 질문이다. 한국에 왔다가 서점에 진열된 《정의란 무엇인가》라는 책 제목을 읽자마자 무심코 "먹고사는 것이 정의 아닌가."라고 답했다. 그 생각에는 지금도 변함이 없다. 먹고사는 일, 특히 가족이 먹고살기 위해 하는 모든 일은 곧 정의다. 그 절대 정의 앞에서 남자의 자존심 따위는 싱거운 것이 된다. 가족의 생계를 위해 하는 그 모든 일은 신성한 일이라 귀천이 없다.

어느 날 벤치에서 한 장의 생식 광고지를 발견했다. '생식 장사라…' 나는 그 광고지를 호주머니에 넣었다. 그 당시 생식 시장은 도입기를 지나 성장기에 들어선 터라 사업에 참여하기에 적절한 시기라고 판단했다. 전단지를 들고 생식 회사로 찾아갔다. 담당 과장은 이미 전국에 5백여 개의 대리점이 있고, 시장이 점점 커져 전망이 아주 밝다고 했다. 생식이 주요 상품이지만 기능성 건강 보조식품도 10여 가지 이상이라 매출 구성 범위도 넓어 보였다.

처음 해보는 일이고, 모르는 분야라 확신이 안 섰다. 그러나 인쇄와 광고 쪽은 쳐다보기도 싫었다. 어려울 때일수록 창의적 사고와 전환이 필요하다고 판단했다. 헌 것을 부수고 완전히 새로운 것을 세우는 용기. 나는 이 용기를 '장사', 더 구체적으로는 생식 장사에 쏟아보기로 했다. 이 일마저 할 수 없다면 공사판 막노동밖에 없다는 생각이 들었다.

문제는 장사 밑천이었다. 대리점 보증금은 천만 원이었다. 그렇게 큰 돈은 당연히 없었다. 불과 몇 달 전만 해도 월 매출 10억이 넘는 큰 살림살이를 꾸렸는데, 도산을 하고 보니 몇 백만 원도 융통할 수 없는 한심한 사람이 됐다.

중국 남송의 시인 방악(方岳)의 시 중에 "세상에는 자기 뜻대로 되지 않는 일이 십중팔구고, 말이 통하는 사람도 두셋이 되지 않는다(不如意事常八九 可與語人無二三)"고 탄식하는 구절이 있다. 하지만 그 당시 나는 뜻대로 되는 일은 하나도 없고, 내 속마음을 털어놓을 사람 역시 하나도 없다고 느꼈다. 사업 실패자를 바라보는 세상의 눈은 상상 이상으로 차갑다는 것을 다시금 실감했다.

더 이상 욕심내지 않고 단념하려 했다. 그런데 장모님과 동생들이 마음을 모아주었다. 세상 사람이 다 외면해도 자식을 향한 부모 마음과 피를 나눈 형제의 마음은 이렇게 끝이 없다. 염치가 없어 받고 싶지 않았지만, 아이들과 아내 생각에 또다시 손을 내밀었다. 낭떠러지에 매달려서 지푸라기라도 잡고 싶은 심정이었다.

또 하나의 문제는 대리점을 개설할 장소였다. 소비력이 왕성한 중상류층이 거주하는 대형 아파트 단지가 생식 대리점을 하기 좋은 지역이다. 그런데 서울에 이미 그런 곳은 남아 있지 않았다. 당시에는 주로 아파트 단지 안에 살면서 자택에 물건을 쌓아놓고 인맥을 활용하여 입소문으로 영업을 하는 시스템이었다. 그야말로 주부들이 부업으로 하기에 안성맞춤인 사업이었다. 그런데 우리 집은 좁아서 생식 몇 상자도 쌓아놓을 공간이 없었다.

하는 수없이 남들이 다 하기 싫다고 남겨둔 종로로 지역을 정했다. 마침 종로 5가 보령약국 뒷골목에 있는 옛날 건물 꼭대기 층에 작은 사무실이 하나 비어 있었다. 그런데 사무실을 얻으려면 본사에 내야 할 보증금이 부족했다.

"까짓 것. 100퍼센트 완벽한 것이 있던가!"

본사 담당 과장을 찾아가서 형편을 이야기하면서 보증금을 좀 깎아 달라고 사정을 했다. 담당 과장은 규정상 안 된다고 단호하게 거절했다. 입장이 곤란하면 상급자라도 만나게 해 달라고 부탁했다. 그렇게 담당 부장을 만났다. 부장도 안 된다고 말하기에, 그러면 일부를 3개월 뒤에 입금하겠다고 했다. 그제야 이런 경우는 처음이라고 하며 허락해주었다. 남들은 쉽게 얻건만…. 나는 그렇게 어렵사리 종로 대리점을 열었다.

아침에 일어나면 오갈 곳이 없어 해 뜨는 것조차 싫었고, 식구들 볼 면목이 없어 함께 등 붙이고 잠자는 시간조차 괴로웠는데, 생식 대리점으로 식구들 밥은 먹일 수 있겠다는 희망이 생겼다. 희망, 목표, 할 일이 있는 것만으로도 최악의 상황은 면한 것 같았다.

아파트 단지를 기반으로 하는 대리점과 지역 환경과 주 고객 대상이 달라 영업 방법을 달리해야 했다. 지역이 종로다 보니 아는 사람을 상대로 하는 영업이 아닌 불특정다수를 상대로 하는 영업을 할 수밖에 없었다. 남들은 부업으로 한다지만 나는 절박한 생업이었다.

대리점을 열었을 때만 해도 '생식'이라는 것을 모르는 사람이 많았다. 어떻게 해서든 많은 이에게 생식의 이로움을 알리는 것이 급선무였다. 한정된 좁은 지역에서 가장 적은 비용으로 효과를 낼 수 있는 광고가 바로 전단 광고다. 그래서 가장 먼저 시작한 일이 전단을 만들어 뿌리는 일이었다.

개업 첫날, 아내와 둘이서 하루 종일 동대문시장, 평화시장, 광장시장을 돌았다. 한 집 한 집 전단을 돌린 것이다. 문의 전화는 단 한 통도 없었다. 하루 종일 전단지를 돌리는 것은 쉬운 일이 아니다. 하지만 포기하지 않았다. 광고 일을 해보았기 때문에 전단 광고의 특성은 잘 알고 있었다. 전단은 최소 3번 이상 접해야 관심을 끌 수 있다. 전단은 꾸준히 반복 배포해야 효과가 있다.

새벽에는 전철 입구에 서서 출근하는 직장인들에게 나눠주었다. 낮에는 혜화동 서울대병원 앞으로 가서 병원에 들어가는 사람들에게 나눠주었다. 밤에는 숭인동에서 평창동까지 집집마다 다니며 대문에 일일이 한 장씩 붙였다. 오가다 주차장에 세워둔 차가 보이면 한 장씩 꽂아두었으며 일요일에는 교회 입구에서 전단을 뿌렸다.

당시는 2002년 월드컵이 한창일 때였다. 수많은 인파가 흥에 겨워 광화문과 종로 일대를 메울 때에도 나는 전단지를 들고 평창동에서 숭인동까지 헤매고 다녔다. 내게는 한국 축구가 8강, 4강에 드는 것보다 생식을 하나라도 파는 것이 더 소중했기 때문이다. 잠자는 시간 외에는 홍보 작업을 계속했다. 광고 효과에 대한 기대감 때문이기도 했지만, 전단지를 돌리는 동안에는 이런저런 잡생각이 나지 않아 좋았다.

행복과 불행은 생각 차이에서 오는 상대적인 것이다. 거리에서 전단 홍보를 하는 일은 산속 벤치나 약국 지하에서 밤을 보내는 일에

비하면 천국이었다. 어차피 '불행은 집집마다 저마다 있다'라고 하지 않나! 피곤하면 사무실에서 잠깐씩 토막잠을 자며 일했다. 생식 맛을 모르는 사람들이 많아 시식 홍보도 겸했다. 아내와 함께 보령약국 앞, 서울대병원 앞, 연동교회 앞을 다니며 생식을 처음 접하는 이들에게 시식 행사로 맛을 알렸다.

또 한 가지 홍보 방법은 소형 현수막을 제작하여 골목 전봇대에 매달아놓는 것이었다. 불법으로 하는 일이라 밤 12시 넘어 새벽까지 사람들이 다니지 않는 시간에 작업을 해야 했는데, 담 넘어 개 짖는 소리가 가장 무서웠다. 개 짖는 소리가 나면 얼른 전봇대에서 내려와 다른 곳으로 피신해야 했다. 수상한 사람으로 신고당할까 봐서였다. 한 번은 아들이 입시 공부해야 할 시간에 밤을 새워 이 일을 도와준 적이 있다. 약간은 서글프면서도 애틋한 추억이다.

시간이 지나면서 험한 일도 많이 겪었다. 병원 병실을 돌아다니며 전단지를 뿌리다가 경비원에게 몽땅 빼앗기기도 했고, 한 번은 사무실까지 끌려가 다시는 하지 않겠노라고 서약서도 써야 했다. 그뿐인가? 새벽시장이 열리는 동대문 의류도매시장에서 전단지를 뿌리다가 나이 어린 경비원들에게 전단지를 빼앗기고, 아파트 경비원에게 일장 훈계를 듣기도 했다.

나는 동대문 의류 상권에 불을 붙이는 데 중요한 역할을 한 사람이다. 동대문에 대형 의류타운이 들어설 때 맨 처음 들어온 회사의 오픈 광고를 내가 직접 이끌었다. 그 회사가 크게 성공하는 바람에 오늘날 동대문 의류타운이 생기게 되었다. 크게 성공한 그 의류타운 회장과도 잘 아는 사이였고, 수년간 광고 일을 하는 동안에는 경비원들에게 90도 인사를 받았다. 그랬던 내가 불과 몇 년 만에 입구에서 그 아이들에게 붙들려 일장 훈계까지 듣게 된 처지가 된 것이다. 만감이 교차했다. 하지만 그러한 수모를 당하면서도 전단 광고를 멈출 수는 없었다.

미친 인생,
건강인에서 암환자로

인위로 행함이 없으면 소박한 본성이 유지되니
천하에 이와 아름다움을 다툴 만한 것이 없다.
– 《장자》, 〈대도편〉

인간사에는 차고 모자라는 부분이 있다. 밝은 것이 있으면 어두운 것도 있는 법. 지금 생각해보면 세상사가 그렇다. 서로 저마다 입장이 다르다. 우리 아이들에게 밥이 되고 공부할 돈이 되는 그 일이, 경비원에게나 구청 직원에게는 불법이다. 그들은 나 같은 사람을 혼내야 먹고살고, 나는 그들을 피해 전단지를 뿌리고 현수막을 설치해야 먹고사는 운명이니 어쩔 수 없다. 이런 인간사와 운명에 담긴 진리를 깨달을 수 있다면, 스스로에게 관대해지고 타인을 더 배려할 수 있으리라. 어쨌든 그 일이 서럽다고 소중하고 절박한 생계를 놓는다면 어떻게 될까? 더 이상의 인생은 없을 것이다.

광고 일을 오래 해봤기 때문에 '좋은 상품은 광고만 잘하면 반드시 판매로 연결된다'는 단순하고 명확한 확신이 있었다. 그 확신은 나를 실망시키지 않았다. 문의 전화가 점점 늘기 시작했다. 아내는 사무실에서 전화 상담을 주로 하고, 나는 광고와 배달 일을 주로 하면서 일에 재미를 찾았다.

지난날 화려했던 시절에 만난 지인들이 길거리에서 광고 전단지를 돌리는 내 모습을 보고 딱하다는 눈길을 준 적이 한두 번이 아니다. 이에 개의치 않고 일에만 집중할 수 있었던 것은 아내와 아이들이 있었기 때문이다. 작은 장사로 우리 아이들이 걱정 없이 공부할 수 있고, 생활도 안정되어 가는 것은 참으로 다행스러운 일이었다. 엘리베이터가 없는 옛날 건물 5층으로 생식박스를 나르는 고생에도 나는 땀 흘리는 기쁨을 느꼈고 소소한 행복도 알아갔다.

이러한 변화 속에서 방 3개가 있는 아파트로 이사하게 되었고 생활도 조금씩 안정을 찾아갔다. 대리점을 시작하고 1년 만에 전국 600개가 넘는 대리점 중에서 매출 순위 전국 7등을 하여 본사에서 최우수 대리점상까지 받았다. 남들이 피하는 지역에서 나온 실적이라 본사에서도 놀랐다. 아파트 단지가 아닌 사무실 운영으로 우수한 실적을 냈기 때문이다.

기존 대리점과 달리 인맥으로 하는 영업이 아니라 불특정다수를 상대로 영업했다는 점을 높게 평가했다. 본사에서는 우리 대리점을 모델로 삼아 마케팅 전략을 바꾸기까지 했다. 집에서 부업으로 하는 영업 시스템에서 사무실 시스템으로 전환해서 보다 공격적인 마케팅 전략을 펼치게 되었다.

자식들 공부를 위해 남의 집에 머슴살이를 한 아버지 마음을 그제야 알 것 같았다. 진짜 자존심이 무엇인지도 깨달았다. 그전에는 자존심을 내려놓고 머슴살이를 하는 아버지의 그 마음을 몰랐다. 같은 입장이 되어 같은 일을 해보고 나서야 당신께서 자신의 삶을 걸고 지키려고 했던 진정한 자존심이 얼마나 가치 있는 일인지 알게 되었다. 이래서 사람은 나이가 들수록 부모에 대한 그리움이 더 커지나 보다.

남자의 자존심은 결국 두 가지로 나뉜다. 하나는 남의 눈을 의식해서 세우는 '남의 삶'을 위한 자존심이고, 다른 하나는 내 자신과 가족을 위해 세우는 '내 삶'을 위한 자존심이다. 전자는 빨리 버려야 할 자존심이고, 후자는 반드시 챙겨야 하는 자존심이다. 내 생활과 내 가족의 생존이라는 정의를 따르다 보면 자연스레 남의 눈을 의식하는 '남의 삶'을 위한 자존심은 버리게 된다. 남을 위한 자존심을 버려야 진정한 내 삶을 챙기게 되어 마음이 편해지고 일이 잘 풀린다.

그런데 쓸데없다고 해도 그 자존심을 내려놓기가 어디 쉬운가? 오죽하면 그 자존심을 내려놓지 못해 자살을 선택하겠는가. 만약 누군가 과거의 나처럼 벼랑 끝에 서 있다면, 가장 먼저 남의 눈과 남의 삶을 의식하는 자존심부터 내려놓으라고 권하고 싶다. 그래야 꼬인 일이 풀리기 시작하기 때문이다. 진정한 '내 삶'은 쓸데없는 자존심을 내려놓는 그 순간부터 시작된다.

중국의 비평가 왕궈웨이(王國維)는 그의 저서 《인간사화》에 이런 말을 남겼다. "고금을 막론하고 큰 업적을 이룬 사람들은 세 단계를 거쳤는데 첫째는 목표와 방향을 정하는 단계이고, 둘째는 입은 옷이 헐렁하고 허름해져도 배움과 탐구를 게을리하지 않는 단계요, 셋째는 거듭 탐구하고 노력하여 마침내 큰 깨달음을 얻는 단계다." 이에 덧붙여 그는 마지막 단계가 가장 높은 경지라 했다.

입은 옷이 해질 정도로 몸과 마음을 다해 자기 분야에 매진하여야 깨달음의 경지에 오를 수 있다는 말이다. 내가 그 경지에 도달했는지는 모르겠다. 하지만 적어도 첫 번째 사업 실패 이후 큰 깨달음이 있었다.

'작은 장사를 하며 남에게 대우를 받지 못해도 좋다. 우리 가족 모두 먹고살 길이 있으면 그만이다. 이것만 생각하며 우리 자신을 위해 즐겁게 일하는 것이 진짜 자존심이다.'

그 깨달음대로 살기만 하면 되었다. 하지만 또다시 문제가 생겼다. 지난 사업 실패의 후유증이 뒤늦게 나타난 것일까? 생식 장사를 시작한 지 5년 만에 암 선고를 받게 된 것이다. 두 번의 암 수술을 마치고 퇴원했을 때 가장 먼저 떠오르는 생각은 부끄러움이었다. 단전 호흡 운동에 심취해 있을 때는 '건강인'이라는 광고모델로 10여 년간 활동을 했다. 그뿐만 아니라 전국을 돌아다니며 건강 강의까지 하고 다녔다. 그런데 암이라니…. 기가 막힐 노릇이었다.

생식 장사로 어렵게 번 돈은 병원비로 사라졌다. 너무 허무했다. 아내와 아이들 얼굴을 볼 면목이 또다시 없어졌다. 사업 실패자가 이번에는 인생 실패자가 되었다.

CHAPTER 2

한류 덕분에
새 삶을 만나다

—

인생 막장에서 중국으로 도피하다

또다시 무모한 도전, 치킨 집 창업

뜻하지 않은 한류로 극적 회생

중국에서 얻은 3가지 인생 선물

인생 막장에서
중국으로 도피하다

> 깨달음이란 욕망과 인연을 모두 끊고
> 마음을 재로 만들어버리는 것이 아니다.
> 그것은 고뇌의 끝에서 얻게 되는 것이다.
> – 홍자성, 《채근담》

"그래, 사업은 어떠니?"

"아, 그게⋯."

막내 동생이 질문에 대답은 않고 말끝을 흐렸다. 시원찮은 기색을 보니 뭐가 좀 안 되는 모양이었다. 막내 동생은 분당에서 '바로쿡 치킨'이라는 브랜드를 만들어 치킨 프랜차이즈 사업을 시작한 상황이었다.

바로쿡 치킨은 웰빙 치킨을 콘셉트로, '야채 효소를 넣어 만든 치킨, 맛있고 몸에도 좋은 치킨'을 표방하여 사업이 순조로웠다. 지금

이야 웰빙 콘셉트의 치킨 프랜차이즈가 많이 생겼지만 당시만 해도 타 제품과의 차별화 요소가 분명했다. 각 신문에도 기사화되었고 MBC 〈화제집중〉과 KBS 〈무한지대-큐〉 등 방송까지 탔다. 덕분에 바로쿡 치킨은 사업을 시작하자마자 분당을 중심으로 인근 지역 상권까지 30여 개 지점을 확보했다.

그런데 중도에 예상치 못한 문제가 생겼다. 바로 조류 독감 파동이었다. 조류 독감이란 닭과 오리 등 조류 사이에서 발생한 신종 바이러스로 전파 속도가 매우 빨라 세계적으로 문제가 되었다. 처음 접하는 전염병이라 사람에게도 전파될까 해서 순식간에 두려움에 휩싸였고, 치킨 사업 전체를 마비시켰다. 양계업과 치킨 산업 전체에 타격이 너무 심해 정부에서도 고위 공무원들과 연예인들을 동원하여 캠페인을 벌였지만 속수무책이었다. 이 사태가 생각보다 오랫동안 지속되었고, 노력으로 극복이 안 되는 일이다 보니 모두가 손을 놓고 기다리는 수밖에 없었다.

"큰일이다. 언제 끝나겠냐?"

내 물음에 동생이 머뭇거리며 대답했다.

"형님. 끝이 안 보입니다. 그런데 BBQ가 중국에서 성공을 했대요. 우리도 중국을 좀 알아봐야겠는데, 시장 조사를 어떻게 해야 할지 모르겠습니다."

"그래?"

BBQ가 길을 찾았다면 중국에 치킨 소비 시장이 있다는 이야기였다. 당장 중국으로 건너가 시장 조사를 해보고 싶었다. 동생에게 중국으로 가서 한 번 둘러보겠다고 말했다. 이렇게 말한 까닭은 다른 이유가 또 하나 있었다.

사업 실패와 몸속의 종양 때문에 나는 자포자기 상태였다. 암 선고 후 수술을 두 번이나 했다. 몸과 마음이 다 너덜너덜해졌다. 수술비도 거듭 들어가 집안 형편은 더 안 좋아졌다. 사업 실패도 모자라 암 수술까지 하다니…. 가족들에게 미안해서 어디론가 떠나고 싶은 마음만 가득했다. 의사는 요양을 권했으나 집안 형편상 내게는 사치였다. 그냥 혼자서 산속으로 들어가서 더 이상 아무에게도 피해를 주지 않으면서 남은 인생을 마무리하려고 생각하던 참이었다.

〈나는 자연인이다〉라는 TV 프로그램이 있다. 평범하지 않은 여러 자연인의 삶을 통해 많은 생각을 하게 하는 교양 방송이다. 그 방송에 나오는 자연인들의 공통점은 하나같이 세상살이에 큰 굴곡을 겪은 사람들이었다. 사업 실패를 했다거나, 건강을 크게 잃은 적이 있다거나, 가정이 깨진 경험이 있었다. 사소한 시련 정도로 산속으로 들어간 사람은 한 사람도 없었다. 삶의 의미와 목적은 무엇이며, 진정한 행복과 진정한 성공이란 무엇이며, 나는 누구이며 도대체 나는 어디로 가는 건가? 이런 인생의 근원적인 질문을 심각하게 고민한 사람들이었다.

하지만 죽을 고비를 넘기고 산속 생활에 적응한 이들 대부분은 자기 나름대로 인생 성공이라는 답에 다가가 있었다. 몸도 마음도 건강해 보였다. 나 역시 사업을 실패하고 건강마저 잃고 마지막 자존심까지 무너졌을 때, 한치 앞이 안 보이는 최악의 상황에서 산속으로의 도피가 가장 먼저 떠올랐다. 처참하게 무너진 내 모습이 싫었고 차가운 세상의 눈초리에서 벗어나고 싶었다. 속세의 모든 인연을 끊고 싶은 마음만 가득했다.

동생 말을 들으니 산속으로 가는 대신 아는 사람이 없는 중국으로 떠나는 것도 좋겠다는 생각을 하게 되었다. 얼마를 더 살지 모르지만 아는 사람 없는 곳에서 가족에게 조금이라도 도움이 되는 일을 하다가 조용히 죽어야겠다는 생각을 했다. 중국에서 그렇게 할 수 있는 자그마한 일거리라도 마련된다면 다행이라 여겼다. 아내를 설득해 서둘러 비자를 준비한 다음, 꼭 먹어야 하는 약만 챙겨 가지고 중국으로 갔다. 그때가 2005년 9월이었다.

그렇게 무작정 도착한 곳이 칭다오다. 칭다오에는 생각보다 한국인이 많았다. 코리아타운이 형성되어 있을 정도였으니 말이다. 코리아타운을 중심으로 상권을 둘러봤다. 이미 치킨 가게가 3개나 있었다. BBQ의 경우, 칭다오 시내를 중심으로 20여 개 이상 지점을 개설하여 국내외 TV 프로그램에 소개되는 등 상당히 의욕적으로 사업을 확장해 가고 있었다.

바로쿡 치킨은 BBQ와 콘셉트가 다르기 때문에 가능성이 있어 보였다. 또 한 가지 초기 투자금액이 한국의 절반이면 충분했다. 테스트 마케팅 차원에서 치킨 가게를 하나 시작하면, 우리 집 살림에도 도움이 되고, 동생 사업의 중국 진출에도 발판이 될 것 같았다. 이래저래 확신을 얻고 한국으로 다시 돌아왔다.

칭다오 시내에서 치킨점 모델 점포 하나를 직접 운영하며 가족들에게 도움이 되고 싶다고 아내에게 말했다. 아내는 세 가지 이유를 들며 반대했다. 첫째는 내가 아직 요양을 더 해야 할 몸이고, 둘째는 내가 요식업 경험이 없으며, 셋째는 병원비가 많이 들어가서 새로 가게를 마련할 돈이 없다는 이유였다. 가야겠다는 생각에 빠지니 '안 된다'는 요소들은 귀에 들어오지 않았다. 이 일 외에는 다른 대안이 떠오르지 않았다. 그래서 고집을 부렸고 아내도 마지못해 내 말에 따라 주었다.

내 나이 쉰 살, 또다시 무모한 도전이 시작되었다. 물러설 곳이 없는 절벽에서 시작한 도전이었다. 이번 일까지 실패하면 다시는 재기할 수 없다는 생각이 들어 비장한 마음으로 중국행 비행기에 올랐다.

또다시 무모한 도전
치킨 집 창업

처음부터 좋은 환경, 좋은 조건에서 가게를 냈다 치자.
그게 나쁘다고 할 수는 없지만 좋은 장소에서 시작하면 배고픔이 없어진다.
– 우노 다케시

내 이름은 황해진(黃海鎭)이다. 한국과 중국 사이에 있는 바다가 황해다. 황해를 번질나게 넘나드는 나의 삶. 아마도 이러한 삶은 할 아버지가 이름을 짓는 순간부터 정해진 운명이었나 보다.

2006년 2월, 불안한 마음, 비장한 마음으로 가게를 오픈했다. 내 건강이 걱정된 아내가 중국으로 건너온 참이었다. 그런데 아내가 합류했을 즈음 아내의 사촌동생들이 현지에 산다는 사실을 알게 되었 다. 마음 터놓고 이야기할 수 있는 형제들을 만나게 되어 참으로 반 가웠다. 그들은 현지 상황을 이야기해주며 진심 어린 걱정과 조언을 해주었다.

그런데 하나같이 부정적인 내용뿐이었다. 미리 알았으면 말렸을 거라고까지 했다. 남 같으면 하기 어려운 말이었을 것이다. 그만큼 그 당시에는 칭다오에서 외식 사업으로 성공하기는 어려웠다. 실제로 한국에서 외식 사업 경력이 20~30년씩 되는 사람들도 칭다오에서는 2년을 못 버티고 떠나갔단다. 그 이유는 뭘까?

첫째는 코리아타운 내에 한국음식점들이 너무 많이 들어와서 가게들 간에 경쟁이 치열한 탓이고, 둘째는 중국 현지인들이 찾지 않아 현지화에 실패했기 때문이란다. 당연히 교민들만 상대로 하니 시장은 협소해질 수밖에 없다. 한국 교민을 대상으로 하는 음식 장사는 공급 과잉이라 먹는 사람보다 파는 사람이 많은 형국이었다. 이곳에서 생활하는 교민들이야 좋겠지만 장사하는 사람들은 죽을 지경이었다. 거기에다 나는 요식업계 생초보였다. 아내도 경험이 전혀 없었다. 이런 초보자가 어떻게 전문가들과 싸워서 이길 수 있을까.

나는 교민 사회의 특성과 중국인들의 특성을 잘 몰랐고, 아주 중요한 현지 사업 환경의 특성조차도 읽어 내지 못했다. 2년이 지나서야 이런 특성들과 중국인들의 식습관을 조금씩 깨달을 수 있었다. 그동안은 다른 음식점들처럼 교민을 상대로 장사할 수밖에 없었다. 처음 해보는 음식 장사라 아는 것보다 모르는 것이 많았다. 하지만 이미 엎질러진 물이라 되돌릴 수는 없었다. 물어보고 가르침을 받을 곳도 없으니 부딪치며 알아 나가는 수밖에 없었다.

시간이 지나면서 운영상의 문제점도 속출했다. 식재료를 구매할 때는 바가지 쓰는 일이 다반사였다. 일하는 직원들도 이동이 심했다. 인허가 문제도 한국과는 비교가 안 될 정도로 까다로웠다. 문제없이 지나간 날이 이상할 정도로 산 너머 산이었다.

'모든 장애 요소를 미리 파악하고 점검하고 대비한 후에 일을 시작했어야 했는데…. 경험자의 컨설팅이라도 받아보고 시작했어야 했는데….'

후회막급이었다. 그중 가장 큰 문제는 부족한 초기 투자금이었다. 무슨 사업을 하든, 시작할 때는 예상 투자금액 외에 예비자금이나 운영자금을 추가로 더 준비해야 한다. 당시 우리 형편으로는 그럴 여유가 없었다. 예비자금과 운영자금이 부족한 상황이라 처음부터 적자를 보면 안 되는 상황이었다. 외국에서는 빌릴 곳도 기댈 곳도 없기 때문에 어려움에 불안함까지 가중되는 상황이었다. 해외 창업에는 더더욱 여유자금이 필요하다는 사실을 나중에야 알았다.

특히 중국에서 사업을 할 때 잠재적 장애 요소가 이렇게 많은 줄은 꿈에도 몰랐다. 중국인들은 얼굴 생김새가 우리와 거의 비슷하지만 일하는 습관과 생활 태도가 우리와 너무 달랐다. 가게 내부 인테리어를 하는 동안, 진행 약속이 공정마다 제대로 지켜지는 일이 거의 없었다. 일이 늦어지는 바람에 민박집에서 두 달간 거의 감옥 생활하듯이 세월을 보냈다. 당연히 인건비와 경비도 더 들어갔다. 모든 것이 예상과 달라 황당했던 일이 한두 번이 아니었다. 이럴 때마다 중국인들을 원망했다. 모든 잘못이 내게 있다는 것을 깨닫기까지는 몇 년이라는 세월이 필요했다.

생소한 중국 생활에 적응하기가 어렵고 주위에서 부정적인 소리만 들리니 아내는 너무 힘들었는지 내 앞에서 눈물까지 흘렸다. 일찍이 사업을 하며 수많은 어려움을 겪었지만 준비 없이 시작한 타국에서 하는 사업의 어려움은 난감 그 자체였다.

일반적으로 사업을 시작할 때 고려하는 것이 자금, 기술, 경험이다. 나의 경우 이 세 가지는 고사하고 기본적인 중국말도 전혀 할 줄 몰라 벙어리나 다름없었다. 거기에다 건강마저 최악의 상태였으니 '오무(伍無)'로 시작한 것이나 다름없었다.

어떻게 해야 할까. 낭떠러지에 서서 오도 가도 못하는 느낌이었다. 곰곰이 생각해 보니 음식 장사 경험은 없지만 남들보다 잘할 수 있는 것이 두 가지가 있었다. 하나는 내 주특기나 다름없는 광고 마케팅 일이고, 하나는 24시간 가게 일에만 집중할 수 있는 집중력이다. 남보다 잘할 수 있는 이 두 가지를 가지고 전략을 세웠다.

먼저 광고 마케팅 전략이다. 다른 가게는 손쉽고 값비싼 광고로 알려진 교민 잡지광고와 신문광고를 활용했다. 교민들이 많이 보기 때문이다. 하지만 우리는 몸으로 때우는 라면을 가지고 홍보했다.

'치킨 집에서 웬 라면?' 다들 의아해했지만 나는 이것을 노렸다. 낮에 찾아오는 라면 손님은 저녁에는 치킨 손님으로 돌아오기 때문이다. 그 당시 라면 하나를 끓여주는 데 12위안이었다. 나는 '라면, 계란 한 개, 공기밥 무한리필, 김치, 치킨 한 조각'을 5위안만 받았다. 순수 재료비도 안 되는 파격적인 가격이었다.

예상은 적중했다. 칭다오에 사는 한국 학생들이 낮에 라면을 먹으러 가게 앞에 줄을 섰다. 라면을 먹고 간 학생들은 저녁에는 치킨 배달을 시켰다. 치킨 가게의 낮 시간은 어차피 죽은 시간이다. 이 틈새를 활용하여 낮에는 라면을, 밤에는 치킨을 팔았다. 반응은 정말 기대 이상이었다.

또 다른 마케팅 방법은 면대면(face-to-face) 마케팅이었다. 보통 오후 4시부터 치킨 배달이 시작되었는데, 나는 운전기사가 딸린 차를 함께 타고 간 다음 현관에서 직접 치킨을 전해주었다. 부족한 게 있으면 언제든지 전화를 달라며 인사를 건넸다. 넥타이를 맨 중년 사장의 정성에 모두 감동을 했다.

저녁에는 호프 손님으로 가게가 가득 찼다. 새벽 2시까지 손님들 발길이 끊이지 않았다. 우리 가게는 동네에서 가장 먼저 문을 열고 (오전 8시 30분), 가장 늦게 문을 닫는(새벽 2시) 가게가 되었다. 몸은 피곤했지만 마음은 편했다. 예전에 내가 했던 인쇄, 광고, 생식 등에 비하면 소꿉놀이 같았다. 가게 일에만 집중하니 스트레스를 느낄 거를이 없었다. 문을 닫고 집에 돌아오면 해묵은 인연들과 단절된 공간이, 강원도 산골 같은 고요함이 오히려 좋았다. 마음이 편하니 건강도 절로 좋아지는 듯했다.

놀랍게도 첫 달에 손익분기점을 돌파하더니 6개월쯤에는 교민 사회에 장사 잘되는 가게로 소문이 났다. 가맹점을 내 달라고 부탁하는 사람까지 나타났다. 이듬해 가맹점 2곳이, 또 그 이듬해에는 직영점이 4곳으로 늘어났다. 어려운 일이 없지는 않았으나 사업은 커지고 있었다. 절망의 끝자락에서 만난 희망이라 그랬는지 몰라도 이때가 내 인생에서 가장 신난 때였다.

그런데 인생사 호사다마라고 했던가. 일찍이 사업의 흥망을 처절하게 경험한 내게 이국땅 중국에서도 또다시 요동치는 운명의 파도가 다가왔다. 2008년 북경 올림픽을 마치고 세계 경제가 요동쳤고, 중국도 변화가 일어났다. 그해 9월 15일 미국 월가 대형 투자은행의 파산 뉴스가 전 세계 경제를 강타했다. 미국 발 세계금융위기였다. 그로 인하여 환율이 요동을 쳤다.

인건비가 상승하고 각종 규제가 강화되었다. 중국은 세계 공장이라는 이미지에서 세계 시장이라는 이미지로 얼굴을 바꾸었다. 수출 주도 경제에서 내수 주도 경제로 전환한 것이다. 그런데 중국에 진출한 한국 기업들은 대부분 제조업을 기반으로 하여 들어온 중소기업들이었다. 이들은 하루아침에 설 땅을 잃었다.

교민들이 떠나니 그들을 상대로 하던 가게도 철수할 수밖에 없었다. 그 속에는 우리 가게도 포함되었다. 가맹점 2곳과 직영점 3, 4호점이 문을 닫았다. 남아 있는 직영점 2곳도 바람 앞의 등불 처지였다. 시대의 변화 앞에서는 그 어떤 능력도 노력도 소용없다. 지금 돌이켜보면 돌파구는 현지화였다. 교민보다 중국인을 겨냥해서 서비스를 전환했어야 했다. 현지화를 준비하지 못한 대가는 혹독했다.

"살아남느냐, 철수하느냐."

또다시 갈림길이었다. 만약 이때 하늘을 원망하며 사업을 접었다면 또 다른 운명도 경험하지 못했을 것이다.

뜻하지 않은 한류로 극적 회생

> 이무기와 용은 비구름을 만나면 연못 속에 머물지 않는다.
> – 진수, 《삼국지》

'운칠기삼(運七技三)'이란 운이 7할이고 재주가 3할이라는 뜻으로, 사람이 살아가면서 일어나는 일의 성패가 노력이 아닌 운에 의해 많이 좌우된다는 말이다. 나처럼 재주가 많지 않는 사람에게는 참으로 반가운 말이다. 노력을 들이지 않았는데 운 좋게 어떤 일이 성사되었다며 겸손의 의미로 쓰기도 하고, 인생사 모두 운에 달려 있으니 인간의 노력만으로는 성공할 수 없다는 체념의 의미로도 쓰인다.

나는 한국에서 사업을 하면서 롤러코스트를 경험했다. 내 노력과 관계없이 사업이 곤두박질치기도 하고, 내 노력과 관계없이 대박을 터트리기도 했다. 중국에 와서도 3년 만에 사업이 요동치는 모습을 보고 운칠기삼이라는 말을 곱씹었다. 그때 뜻밖에 '천운'을 만났다. 바로 '한류'였다.

가맹점 2곳과 직영점 2곳을 철수하고, 그나마 굴러가던 1, 2호점까지 문을 닫아야 하는 순간이었다. 교민 수가 줄어든 만큼 주 메뉴인 치킨 매출도 감소했으며 저녁에 호프를 즐기는 사람들까지 급격히 줄었다. 사실 중국에서 외식업을 하고는 있었지만 엄밀히 말하면 해외 창업은 아니었다. 주 고객을 교민들로 하는 사업을 어찌 해외 창업이라고 말할 수 있겠는가.

다른 가게 주인들이 하나둘 중국을 떠났다. 그러나 나는 그대로는 끝낼 수 없었다. 한국에 가도 갈 곳이 없었기 때문이다. 절망하며 보따리를 쌀 것인가. 위기를 기회로 만들 방법은 없는 것인가. 나는 깊은 침묵에 빠졌다. 원점에서 다시 생각해볼 수밖에 없었다. 선택의 여지가 없었다. 나는 버티는 데까지 버티기로 했다.

새로운 전략을 구상했다. 현지화 전략이었다. 한 가지 다행인 것은 현지 생활로 인하여 중국인들의 식습관과 생활습관을 어느 정도 파악했다는 점이다. 중국과 한국의 식습관은 생각보다 많이 다르다. 그러므로 콘셉트와 전술은 확연히 달라야 한다.

한글 위주로 된 전단과 광고문구를 중문으로 교체했다. 글씨 위주로 된 메뉴판을 사진 위주로 만들고, 메뉴 구성과 콘셉트를 전반적으로 새롭게 다시 만들었다. 주 메뉴인 치킨은 사이드 메뉴로 돌리고, 호프 메뉴도 사이드 메뉴로 돌렸다. 그렇다면 주 메뉴는 무엇일까. 바로 순수 한국음식이었다. 가벼운 분식은 어프로치 메뉴로 내세웠다.

주 고객의 Age타깃은 '빠링, 지우링 호우 세대'로 잡았다. 빠링, 지우링 호우는 1980~90년대 이후 한 가정 한 자녀 낳기 운동 세대를 말한다. 한류를 가장 선호하고 소비력이 가장 왕성한 세대다. 우리 가게는 한국식 치킨호프집이 아니라 '본격 K-FOOD점'으로 변신한 것이다. 상호만 그대로였고 모든 것을 바꾸었다. 새로운 창업이었다.

반응은 예상보다 빨리 왔다. 가게 앞에 한국 학생들 대신에 중국 학생들이 줄을 서기 시작했다. 그 줄은 하루, 이틀이 지날수록 더 길어졌다. 그 모습을 보고 칭다오 방송국에서 한국음식 특집 방송으로 우리 가게를 취재했다. 그것도 황금 시간대에 20분에 걸쳐 2번이나 노출시켰다. 이뿐만 아니라 중국 CCTV에도 〈중국 속의 한국인 - 중국에서 내 삶을 찾다〉는 내용으로 나, 황해진의 인생 이야기가 전파를 탔다.

"자고 나니 스타가 되었다."는 말을 다시 한 번 실감했다. 공항 직원도, 맥주 박물관 직원도 나를 알아봤다. 우리 가게는 칭다오 젊은 이들의 명소가 되었다. 말 그대로 완벽하게 위기를 기회로 만든 전화위복이었다. 운칠기삼이 아니라 '운구기일(運九技一)'이었다. 한류라는 운이 9이고 내 노력이 1이라고 해야 맞는 말이다.

나는 한국에서는 한류를 몰랐다. 중국에 와서도 3년 동안은 한류를 몰랐다. 그러나 우리 가게에서 한류 대박이 터지면서 한류라는 단어가 크게 다가왔다. 나는 한류라는 화두를 붙잡고 이러한 생각이 들었다.

'나 같은 신용불량자도 한류로 성공했는데 고국에 있는 어려운 이웃들에게 이 사실을 알려야 하지 않을까?'

우리 가게와 같이 중국 젊은이들이 좋아하는 한국음식점이 중국 대륙에는 10,000개가 더 있어도 모자랄 만큼 시장이 크다는 사실을 깨달았다. 누구도 열어보지 못한 틈새시장이면서 어마어마한 잠재 시장임에 틀림없다는 생각이 들었다.

나는 마음이 급해졌다. 대륙에서 K-FOOD를 기다리고 있는 한류 팬들을 위해서라도 이 사업을 실행해야 했다. 그리하여 'K-FOOD 한류 C-10,000'이라는 비전을 세웠다. 난생처음 내 가슴이 진정으로 하고 싶어 하는 일, 그토록 바라던 원대한 꿈을 비로소 만나게 되었다. 환갑이 다 된 나이에 말이다.

그런데 한류란 도대체 무엇인가?. 한류는 도대체 어디서 어떻게 해서 생긴 것인가? 유행일까? 문화일까? 날마다 온몸으로 한류를 느끼며 살아가는 나로서는 날마다 이 질문을 하지 않을 수가 없었다. 묻고 또 묻다가 끝내 답을 찾았다.

'한류는 한국인의 마음이다. 한류는 유행이 아니라 문화다. 한류는 자원이다.'

중국에서 불었던 한류 바람의 한 단면을 살펴보자. 2014년에 방영되었던 드라마 〈별에서 온 그대〉는 한국 안방극장을 넘어 중국 시청자들까지 사로잡았다.

"눈 오는 날에는 치맥이 딱인데…."

드라마 여주인공 천송이 입에서 나온 이 한마디 대사가 하루아침에 치맥(치킨과 맥주)이라는 초대박 한류 열풍을 중국 전역에 일으켰다. 물론 우리 가게 매출도 30% 이상 올랐다. 그 열풍은 지금도 진행 중이다. 그뿐만이 아니다. 이 대사가 나온 시점이 중국에서는 조류독감이 극성을 부렸을 때인데, 대륙의 이슈였던 조류독감 바람을 천송이의 대사 한마디로 하루아침에 잠재웠다.

혹자는 한류는 유행이라고 하지만 나는 그 말에 동의하지 않는다. 지금도 거대한 치맥 문화가 들불처럼 번지고 있다는 사실이 그 증거다. 10여 년 전 〈대장금〉 한류와 2014년 〈별에서 온 그대〉의 한류는 분명히 다른 모습이다. 스마트폰 시대가 되면서 문화 이동이 광속으로 이루어진다. 한류가 산업으로 이어진다는 사실이 치맥 열풍으로 증명되고 있다. 치맥뿐만 아니다. 한국음식 사업은 물론 마음을 담아 전하는 서비스 산업 모든 분야는 한류 문화 사업으로 융합이 가능하다.

생명에서 가장 중요한 요소가 음식이다. 그래서 여러 가지 문화 가운데 가장 중요한 문화도 바로 식문화(食文化)다. 어느 나라든지 그 나라를 대표하는 문화는 식문화다. 코리안 푸드는 음식에 마음 (정)을 담아내는 식문화이기 때문에 경쟁력 또한 최고다. 간장, 된장, 고추장, 김치를 보라. 이들 기초 음식들은 인간의 정성과 자연의 뜻이 어우러져 만들어진다. K-FOOD의 모든 음식이 여기에서 시작된다. 인류 건강에 그다지 이롭지 않는 서구의 패스트푸드 문화를 밀어낼 수 있는 유일한 차세대 식문화가 바로 K-FOOD라고 나는 단언한다. 우리가 새삼 주목해야 할 일은 K-FOOD와 같은 우수한 문화를 가지고 진정한 창조경제를 만들어야 한다는 것이다.

중국에서 건너온 짜장면이 한국식으로 재탄생하고, 이탈리아에서 건너온 피자가 한국식으로 재탄생하고, 일본에서 온 일식도 한국식으로 재탄생하는 모습을 주목하자는 말이다. 치킨은 미국에서 건너온 식문화이지만 한국에 와서 새로운 치킨으로 변신하여 지금은 미국으로 역수출되고 있다. 그 치킨에 한류가 더해져 중국에서 '치맥 문화 산업'이 되었다.

이런 우수한 음식 문화에 한류라는 감성이 더해져 최고의 가치를 만든다. 그 경쟁력은 무한하다. 음식뿐만이 아니다. 서양에서 건너온 POP이 K-POP으로 변신하고, 여러 가지 종교와 사상도 한국에 들어오면 업그레이드되어 재탄생한다. 그 이유는 한류라는 최고의 감성이 더해지기 때문이다. 그 감성의 뿌리는 뒤에서 다시 이야기하겠다. 우리의 문화는 지금 이 순간에도 끊임없이 변신하고 있기에 그 경쟁력은 무한하다. 나는 '한류는 자원'이라고 단언한다. 중동의 석유 자원보다 더 값진 자원이다. 석유 자원은 사용하면 줄어들지만, 한류 자원은 사용할수록 커지는 자원이다.

그렇다면 이 귀한 한류 자원을 누가 어떻게 활용해야 할까. 흔히 대기업이라고 답할지도 모른다. 그러나 그렇지 않다. 서민이 활용하고 청년이 활용해야 한다. 한국인이 한류 그 자체이기 때문이다. 다시 말해 한류 서비스 문화 사업은 한국인의 마인드를 파는 사업이다. 나와 같은 사람이 한국인의 마음을 담아서 마음으로 전해야 하는 서비스 문화 상품이다. 한류 서비스 문화 사업 분야만은 대기업이 한국에서 하는 식으로 시스템으로 시장을 장악하려고 해서는 안 된다. 자금과 시스템으로는 성공할 수 없을 뿐만 아니라 시장만 흐려 놓는다. 상품의 특성과 시장의 특성을 보더라도 한류 서비스 문화 사업은 청년과 소상공인 서민이 주도해야 한다. 이 사업은 마인드 사업이기 때문에 개인의 순발력과 면대면 접객 마인드로 이루어지는 사업이기 때문이다.

나는 중국에서 수백억 원의 매출을 올리는 사업가가 아니다. 돈을 엄청나게 번 거부도 아니다. 그저 작은 가게 하나로 아내와 노후 준비를 마련했다. 큰 사업을 통한 성공이 아닌, 작지만 절망에서 이루어서 더욱 소중한 성공이다. 그래서 나는 감히 인생 성공을 이뤘다고 자부하며 내 삶을 즐기고 있다. 한류 덕에 아이들 학업을 무사히 마칠 수가 있었고, 한류 덕분에 노후 준비를 마무리하고, 한류 덕분에 우리 조국과 옛 조상의 소중함을 알게 되었고, 한류 덕분에 내 삶의 마지막 비전을 만나 하루하루 두근두근 설레는 삶을 살아가고 있다.

내 남은 생의 마지막 꿈은 앞에서도 이야기했듯이 'K-FOOD 한류 C-10,000 프로젝트'다. 내가 혼자 중국에서 10,000개의 음식 사업을 하겠다는 말이 아니다. 나에게는 그럴 능력도, 시간도 모자란다. 누군가가 함께 해야 할 일이라 여기며 그 꿈과 비전이 펼쳐지는 모습을 보고 싶어 이 글을 쓰고 있다.

21세기에는 땅덩이 큰 군사 강국이 강국이 아니라 문화 강국이 진정한 강국이다. K-FOOD 음식점을 중심으로 한류를 이끌고, 이를 바탕으로 우리나라가 문화 융성을 이룩하고 문화 강국이 돼가는 모습을 보고 싶다. 한국 경제를 다시 일으킬 산업 자원은 첨단 기술이 아닌 한류다. 청년 실업, 비정규직 문제, 자영업 불황 등의 서민 경제 문제를 한꺼번에 해결할 수 있는 유일한 자원도 한류 자원이다. 차세대 G1 경제 대국인 중국과 상생할 수 있는 유일한 자원 또한 한류 자원이다.

평범한 범부보다 못한 내가 한류 덕분에 중국에서 살아남은 굴곡진 내 인생 여정. 부끄러운 여정이지만 혹시라도 반면교사(反面敎師)

라도 될까 해서 이 글을 쓰고 있다. 앞에 놓인 현실이 아무리 어렵고 힘들더라도 포기하지 말기를 바라는 마음에서 지난날의 내 삶을 쓰고 있다.

중국에서 얻은
3가지 인생 선물

무심(無心)의 경지에 들어 모든 것을 있는 그대로 받아들일 때
비로소 자유로운 삶을 얻게 된다.
– 장자

　칭다오공항은 인천공항에서 한 시간 남짓 걸리는 가까운 곳에 있
다. 칭다오에서 가까운 위하이 지방에서는 "새벽에 닭 우는 소리가
한국의 서해안까지 들린다."라는 말이 있을 정도로 거리가 가깝다.
칭다오는 기후 또한 한국과 비슷하여 우리나라 사람들이 가장 많이
진출해 있는 도시이기도 하다. 그래서일까? '양꼬치엔 칭다오'라며
개그 소재에도 쓰이고, 칭다오 맥주도 우리나라에서 인기가 있다.
　통일 신라 시대에 활동한 해상왕 장보고 동상과 기념관도 칭다오
인근 위하이에 있다. 그만큼 우리나라와는 예부터 교역이 많았던 곳

이다. 지금도 한국에 진출한 화교들의 수도 이곳 산동성 출신이 가장 많으며, 중국에 거주하는 한국 교민의 수도 이곳 산동반도에 가장 많다.

내가 처음 칭다오로 건너온 10년 전에는 교민들의 수가 30만 명까지 되었다는데, 지금은 5만 명 전후라고 한다. 이 숫자는 그만큼 시대 변화가 컸다는 이야기고, 그만큼 교민들이 생활하기가 어려웠다는 사실을 알려준다. 이런 험난한 변화 속에서도 남들보다 여러 가지가 부족한 점이 많았던 나는 용케도 살아남았다.

살아남은 요인을 돌이켜보면 '외로움'이라는 단어가 가장 먼저 떠오른다. 외로움이 마음 편함으로 이어졌고, 가게 일에 집중하게 했고, 나와 마주하는 시간을 만들어 줬다. 나와 마주하는 시간에는 이메일에 접속해 내게 편지를 써서 '내게 쓴 편지함'에 보관해두었다. 허망함에 무너진 원인을 찾아보려고 50년 인생을 더듬어보기도 했다. 내 삶의 여정은 중국까지 왔을 때에야 드디어 허망함의 원인을 깨달았다. 바로 이 문장이었다.

"그동안 살아온 삶의 99%가 '남의 삶'이었고, 고작 1%만이 '내 삶'이었다."

날마다 남의 눈치를 보는 삶, 남들의 평가에 휘둘리는 삶, '좋은 사람이다'라는 말을 듣고 싶어 내 몫을 쉽게 넘겨 준 삶. 이런 삶 모두에 보석을 돌이라 하고 돌을 보석이라 여기는 어리석음이 있었다.

보석처럼 빛나는 일은 노동이 되어서는 안 된다. 내가 재미가 있어야 한다. 하지만 나는 재미가 없어도 돈을 벌기 위해 사업이라는 노동을 하며 나를 혹사시켰다. 남 보란 듯 잘 살아보려고 했고, 남이 나를 부러워하는 삶을 인생 성공으로 생각했다. 내 가슴이 진정으로 만족해하는 보람을 느낀 일은 지극히 적었다. 결국 사업 실패도, 암 선고로 허망함에 무너진 인생 실패도 모두가 남의 삶을 살아온 인과응보요, 사필귀정이라는 점을 깨닫게 되었다.

"내가 있어야 남이 있으며, 내 삶의 주인공은 나이다."

이 평범한 진리를 깨닫는 데 나는 꼬박 50년이 걸린 셈이다. 친구와 이웃이 부러워하는 삶을 위해, 주변 사람들이 인정하는 삶이 잘사는 삶인 줄 알고 열심히 살았다. 앞쪽을 향해 열심히 뛰어야 하는데, 뒤쪽을 행해 열심히 뛰어간 형국이었다. 내 기쁨보다 언제나 친구와 이웃의 기쁨이 우선이었다. 내 삶의 주인공 자리에는 언제나 내가 아니라 남이 있었다. 지금 여기 내 삶의 기쁨도 언제나 내일로 저당 잡히듯이 살았다. 행복은 늘 산 너머 남촌에만 있는 줄 알았다. 살아도 산 것 같지 않은 허망함의 원인이 여기에도 있었다.

그런데 '지금 여기 내 삶'에 집중하니 기적이 일어났다. 인생 실패가 순식간에 인생 성공으로 뒤바뀌었다. 그렇다. 이제는 나를 만났으니 나는 언제 또다시 죽음이 코앞에 다가오더라도 기꺼이 안아줄 자신이 생겼다. 그 누구도 부러운 사람이 없다. 삶이 즐거우니 한류라는 운도 따랐다고 본다. 한류를 만나니 'C-10,000'이라는 꿈까지 꿀 수 있게 되었다.

할아버지가 지어준 이름대로 황해(黃海) 바다를 내 앞마당처럼 드나드니(진鎭) 중국은 내게 3가지 크고 값진 선물을 안겨주었다.

첫째는 '내 삶'이요,

둘째는 '한류'이며,

셋째는 '꿈'이다.

건강은 덤이다.

谢谢中國!(감사해, 중국!)

지금 여기서 여러분의 삶이 힘들다면, 가장 먼저 시도해야 할 일은 바로 지금 당신 삶(내 삶)에 집중해보길 권한다. 중국 고사에서 나오는 '방촌이난(方寸已亂 마음이 이미 혼란스러워져 당신을 위해 일을 할 수가 없습니다)'이라는 말이 생각난다. 조조가 유비의 유능한 부하 서시를 찾아가서 자기를 도와 달라고 간청했으나 거절당한다. 서시(徐庶)가 효자라는 소문을 들은 조조는 포기하지 않고 서시의 어머니를 위(魏)나라로 데려와서 서시에게 어머니를 자기가 모시고 있다고 편지를 보낸다. 서시는 편지를 받고 유비에게 '方寸已亂(방촌이난)'이라는 말을 남기고 유비 곁을 떠나게 된다. 마음이 흔들린 상태에서는 어떠한 일도 계속할 수 없음을 비유하는 말이다.

일본의 유명한 니시 건강법에도 마음이 편해야 몸도 건강해진다는 말이 있다. 불교 화엄경에서는 '일체유심조(一切唯心造)', 즉 만사는 마음에서 이루어진다고 했다. 무속에서도 잡귀들은 어두운 마음을 좋아하고 밝은 마음을 싫어한다고 했다. 기공수련에서도 심기혈정(心氣血精) 원리라고 해서 마음과 몸을 하나로 보는데 마음이 맨 먼저다. 모두가 마음의 중요성을 일깨워주는 말이고, 마음이 편한 다음에 일을 도모해야 한다는 교훈이다.

지금 하고 있는 일이 잘 풀리지 않는다면, 가장 먼저 살펴볼 일은 내 마음이다. 혼란스러운 마음의 뿌리는 대부분 남을 의식하는 '남의 삶'에서 시작된다. 다시 정리하자면, 내 삶을 챙기다 보면 마음이 편해지고, 마음이 편해지면 일이 잘 풀린다는 말이다. 한국 땅에서 '지금 여기 내 삶'에 집중하기가 쉽지 않다면, 나처럼 바다 건너 외국에 나와보는 일도 괜찮다. 외국에 나오면 눈치 볼 사람이 없다. 저절로 '지금 여기 내 삶'에 집중하게 되고 뒤엉킨 삶이 풀릴 수 있다.

내가 하고 싶은 이야기는 사업뿐 아니라 인생도 성공하자는 것이다. 백주부나 유느님과 같이 빅스타가 되자는 이야기가 아니다. 중국의 마윈이나 미국의 스티브 잡스 같은 유명 인사가 되자는 이야기가 아니다. 나처럼 이름 없는 들풀 같은 인생도 화려한 장미만큼 귀한 생명이라는 것을 잊지 말라고 당부하고 싶다. 그리고 우리네 귀한 삶은 반드시 인생 성공으로 마무리를 해야 하기에 어떤 어려움이 있어도 포기는 하지 말자고 다시 한 번 당부하고 싶다.

중국에 와서 나는 '내게 쓴 편지함'에 〈내 삶의 역사〉라는 제목의 글을 썼다. 가장 마지막 페이지에는 이런 글이 쓰여 있다.

"사람, 흙, 풀 냄새 넘실거리는 두메산골에서 우리 아버지 어머니의 아들로 태어나서 참 다행이다. 밤하늘의 별과 풀벌레, 새소리, 자연을 궁금해하는 순박한 시골아이로 자라서 참 다행이다. 동네에서 가장 가난한 시골 살림이었지만 부모님 덕에 고등학교까지 졸업해서 참 다행이다. 부모님으로부터 가난이라는 유산을 물려받아 어려서부터 자립심과 겁 없는 도전정신이 생겨 초년에 일찍 고생해본 것이 참 다행이다. 못난 남편 만나 고생 폭탄 맞았지만 끝까지 내 곁을 지켜주며 아들 딸 반듯하게 키워 준 아내가 있어서 참 다행이다. 사업 실패로 온 가족이 모진 아픔 겪었지만 거품 인연 정리되고, 거품 집착 정리되어 참 다행이다. 뜻밖에 암 선고로 허망함에 무너졌지만 그 일이 계기가 되어 늦게라도 내 삶을 챙기게 되어 참으로 다행이다. 이제는 언제 또다시 죽음이라는 손님이 찾아오더라도, 그 귀한 손님을 기꺼이 맞이할 자신이 생겨 참 다행이다. 중국에 와서 음식 장사를 하며 돈도 벌고, 재미도 있고, 보람까지 있는 일을 만나 참 다행이다. 내가 죽어 아버지 만나면, "아버지 이만하면 나도 잘 살았지요?"라고 인생 성공을 자랑할 수 있어 참 다행이다."

　나는 굴곡진 삶에서 우연찮게 작은 성공을 했다. 나의 인생 경험과 사업 노하우가 이 땅의 '을'들에게 조금이나마 도움이 되면 좋겠다. 이제 본격적으로 중국에서의 장사 노하우를 알아보자.

CHAPTER 3

중국에서
한국음식점
성공기

—

최고의 전략, 한국인이 한류다

마케팅 전략보다 관리 전략

서로 돕고 협력하는 화교 상술에 답 있다

현지화 콘셉트가 생명이다

겸손과 미덕이 가장 큰 무기다

STORY 13

최고의 전략,
한국인이 한류다

최고의 선은 물과 같다.
물은 만물을 기르면서도 자기를 내세우지 않고,
오로지 낮은 곳으로 향한다.
- 노자

"니스 한궈런마(당신 한국인이냐)?"

"한궈 나리(한국 어디에서 왔느냐)?"

내가 가게에서 가장 많이 받는 질문이다. 한국음식점을 운영하더라도 주인이 한국인이 아닌 경우가 많다. 실제로 200군데 중 20군데 정도만 한국인이 운영하고 있다. 그래서인지 손님들은 내가 한국인인지를 꼭 확인하고 싶어 한다. 그만큼 짝퉁이 아닌 정통 한국음식과 한류를 느껴보고 싶어 한다는 이야기다.

그런 중국인들의 바람에 보답하는 차원에서 '나는 한국인이다'라는 무언의 표시로 가게에 나갈 때, 일을 할 때는 항상 넥타이를 매고 있다. 작은 가게, 특히 작은 음식점에서 주인이 넥타이를 매고 일하는 경우는 거의 없다. 물론 일하기에는 아주 불편한 옷차림이다. 하지만 한국인이 한류 문화의 주체이므로 내가 한국인이라는 표시를 하는 것이 손님을 대하는 기본 예의라고 생각한다. 무슨 장사든지 가장 선행되어야 하는 것은 신뢰 이미지라고 생각해서다. 고객에게 신뢰를 주는 이미지를 옷차림으로 표현하는 것, 이 작은 차별화 전략과 홍보 전략은 내가 가장 소중하게 여기는 전략 중 하나다. 옷이 날개라는 옛말이 틀리지 않았다. 복장이 주는 신뢰감은 의외로 컸다. 내가 정중한 복장을 갖춰 입으니 직원들도, 손님들도 나를 대하는 태도가 덩달아 정중했다.

식사를 마치고 나가면서 사진을 함께 찍자고 하는 젊은이들도 부쩍 늘었다. 한국인이 운영하는 식당에 와서 밥을 먹었다는 소위 '인증샷'이다. 요즘 아이들은 음식을 먹기 전에 사진부터 찍어 기록에 남긴다. 스마트폰이 만든 또 하나의 음식 문화다. 한국음식이 이들에게는 별미라서 즐기기도 하지만, 우리 가게에 와서 '한류'라는 이미지와 스토리를 함께 담아가고 싶어 한다. 바쁠 때는 사진 찍는 일에 소요되는 시간이 아깝기도 하지만 이것 역시 한류를 전하는 일이라 여기고 '김치' 하며 환한 표정을 지어 준다. 중년 노인이 예쁜 아이들과 나란히 인증샷을 찍는 일도 한국에서는 누릴 수 없는 또 하나의 즐거움이다.

한국 식당에 대한 대표적인 선입견은 '깨끗하다'는 이미지다. 사실 음식점에서는 맛만큼이나 청결이 우선한다. 청결은 서비스의 시작이고, 정성의 시작이다. 그래서 나는 가게 일 중에 청소를 가장 신경 쓰고 있다. 특히 화장실 청소는 내가 직접 챙겨 이미지를 상하게 하는 일이 없도록 신경을 많이 쓰는 곳이다. 눈에 잘 보이지 않는 사소한 정성의 차이가 손님에 대한 기본 존중이고 예의이기 때문이다.

이따금 한국 여행을 다녀온 손님이 내 앞에 와서 자랑을 한다. 이들에게 한국의 첫인상이 무엇이냐고 물으면 대부분 '깨끗하다'는 말을 한다. 그만큼 깨끗함은 한류가 가진 이미지 중에 가장 중요한 요소다. 청결은 모든 서비스업의 기본이며, 한국 문화를 고급문화로 인식하게 하는 핵심이다.

한국음식에 대한 또 한 가지 대표적인 이미지는 '건강식'이라는 것이다. 된장과 김치는 물론이고 대부분의 한국음식이 몸에 좋다고 생각한다. 많은 중국인이 "한국인은 피부가 좋다."는 말을 많이 한다. 그 원인을 화장품에서도 찾지만 한국음식에서도 많이 찾는다.

요즘 중국인들은 소득 수준이 높아짐에 따라 웰빙과 건강식에 대한 관심이 점점 높아지고 있는 추세다. 고칼로리의 패스트푸드 같은 서양음식은 건강에 그다지 이롭지 않다는 인식이 날로 커지고 있다. 실제로 중국인들이 가장 선호하는 외국음식은 한국음식이라는 통계도 있다. 중국에서 KFC나 맥도날드와 같은 글로벌 외식 기업과 당당히 경쟁할 수 있는 음식은 한국음식이라는 것을 증명해주는 통계자료다.

중국 외식 시장은 자동차 산업보다 크고, 전자 산업보다 크다는 통계가 있다. 한국 정부는 청년 실업과 서민 경제를 걱정한다면 K-FOOD 한류 산업에 관심을 가져야 한다. 지난날에는 대기업을 지원하여 나라 경제를 살렸다면, 지금은 한류 사업을 전담해야 하는 서민과 청년을 지원하여 나라 경제를 살려야 한다.

KFC나 맥도날드는 중국인들의 입맛에 맞춰서 성공했다고 하지만 나는 중국사람 입맛에 음식 맛을 맞추지 않는다. 나도 편하고 중국인들도 좋아한다. 한식의 장점이고, 자신감이다. 외식 사업에서 음식 못지않게 중요한 것은 서비스라고 생각한다. 김치를 맛있게 다 먹은 손님에게는 한 접시를 더 갖다준다. 맛있게 먹어주는 모습만으로도 나는 고맙다. 이런 서비스가 한국에서는 당연한 서비스이지만, 중국에서는 고객 감동으로 이어진다. 작은 배려에도 '역시 한국음식점의 서비스는 다르다'라는 표시로 엄지손가락을 치켜세운다.

중국인들은 과하게 주문할 때가 많다. 먹다가 남은 음식을 포장해달라고 하는 사람이 많다. 포장을 해간다는 것은 맛있다는 이야기다. 고마운 일이다. 그런데 중국 식당에서는 아직도 비닐봉지에 담아주는 경우가 많다. 나는 포장용기에 정갈하게 담아준다. 한국에서는 기본이지만 여기서는 서비스 차별화로 연결된다.

청다오행 비행기를 타보면 중국 스튜어디스와 한국 스튜어디스가 함께 일하는 모습을 볼 수 있다. 중국 스튜어디스는 물만 준다. 한국 스튜어디스는 물에다 마음을 담아서 준다. 나는 이 모습을 보고 '한류의 뿌리'를 발견했다. '마음을 담아주는 물', '마음을 담아주는 음식', '마음을 담아서 하는 서빙'… 여기에서 K-FOOD의 경쟁력과 차별화가 나온다. 비빔밥을 비빌 때 비비는 손놀림이 서툰 손님이 보이면 다가가서 고추장을 넣어주고 비벼준다. 이런 손님은 먹어본 음식이거나 맛있다는 걸 미리 알고 온 손님이 아니다. 한국음식이 궁금해서 찾아온 손님이다. 나도 고마워하고, 손님도 고마워한다. '함께 고마워하는 일'이야말로 한류 사업이고, 한류를 전하는 일이고, 한류를 즐기는 일이다.

K-POP도 K-드라마도 감성으로 마음을 표현하는 한류이기에 타의 추종을 불허한다. K-FOOD도 마음을 표현하고 마음을 담아내는 문화 상품이기에 우수할 수밖에 없다. 특히 한국에서 하는 작은 음식점은 생계형 사업에 지나지 않지만, 해외에서 하는 작은 음식점은 문화 사업이라는 긍지와 보람을 가지고 할 수 있는 일이다.

일본의 친절이 세계 제일이라고 하지만 계산이 묻어 있는 친절이라고 생각한다. 허리는 90도로 숙이지만 머리에서 나오는 친절이기 때문에 감동이 없다. 가슴에서 나오는 한류 친절과는 품질이 다르다. 한류 비즈니스 선구자인 일본의 MK택시 유봉식 회장이 한국인의 서비스를 가지고 일본 땅에서 세계 제일의 서비스로 증명해 보였다. 세계 어느 나라 비행기를 타도 한국의 대한항공이나 아시아나항공의 서비스를 느낄 수가 없다. 한국인의 유전자 때문이다.

우리나라 사람에겐 타인의 마음을 헤아릴 줄 아는 탁월한 감성 DNA가 있다. 나는 이 유전자가 한류의 핵심이자 원천이라고 생각한다. 그 유전자의 뿌리는 인간을 포함한 세상 모두를 사랑하라고 가르치는 '홍익인간 이화세계'라는 단군신화에서 시작되었고, 탁월한 감성 문자인 한글이 있기에 완성된 문화다. 말은 마음의 뿌리다. 말이 마음을 만들고, 마음이 말을 만들기에 한류는 그 어느 민족도 복제하기 힘든 문화다. 이 한류는 5천 년 동안 뜸을 들이다가 디지털 시대의 도래를 계기로 꽃피기 시작했다. 나는 한류가 이제 시작이라고 본다.

노벨상을 받는 과학기술은 논리적인 머리(IQ)로 가능한 일이다. 기술을 넘어 예술 문화로 만드는 창작 분야, 디자인 분야, 서비스 분야는 마음(EQ)으로 만들어진다. 삶을 아름답고 편리하고 따뜻하게 만들어 가는 문화 분야 역시 사람들의 마음이 모여 만들어진다. 한국 문화, 한류 문화는 우수할 수밖에 없다. 그래서 나는 한류 문화는 무궁무진한 산업자원이라고 생각하고, 대한민국의 미래는 한류에 답이 있다고 생각한다.

음식점의 서비스는 직원들의 마음으로부터 전해진다. 우리 가게에서는 서비스 교육을 따로 시킬 시간이 없다. 핑계 같지만 너무 바쁘다. 개인 사업장의 한계이기도 하다. 보다 멋진 한류 서비스를 제공해 줄 수 없다는 것이 너무 안타깝다. 붐비는 식당에는 손님들이 이해를 해주기도 하지만 한류를 전하는 주인 입장에서는 손님들에게 정말 미안할 때가 많다. 나보다 더 나은 한류 전도사가 수천, 수만 명 출현하여 지구촌이 밝아지길 기원한다.

마케팅 전략보다
관리 전략

한 발 한 발 걷지 않고서는 천리를 갈 수 없다.
- 순자

    얼마 전 한국에서 방송국 PD가 진행하는 〈먹거리 X파일〉이라는 먹을거리의 생산, 유통, 소비 관련 시사교양 프로그램이 인기를 끌었다. 이 프로그램은 소비자가 잘 모르고 지나쳤던 음식, 특히 외식 산업에 관한 숨겨진 진실과 이면을 이야기하여 대한민국을 충격에 빠트린 바 있다. 이렇게 먹을거리 업체가 신뢰를 얻지 못하여 본격 시사 교양 프로그램으로까지 만들어진 연유에는 음식 사업하는 이들의 '원칙 없음, 양심 없음'이 큰 몫을 했다.

    우리 옛말에 '음식 갖고 장난치지 말라'고 했다. 음식은 성스러운 생명이기 때문이다. 천도교에서는 '사람이 곧 하늘이다(人乃天)'라고 가르친다. 그만큼 사람의 생명은 거룩하다는 이야기다. 우리 조상님들이 자식들에게 가르치는 예절 교육은 밥상머리에서 시작했다. 밥 먹는 시간만은 못 떠들게 했고, 밥 먹는 시간만은 꾸중도 하지 않았다. 생명을 만드는 시간이라 하루 중 가장 중요한 시간이기 때문이다. 그래서 음식 사업은 양심 사업이고, 신성한 생명 사업이기에 양심을 저버리면서까지 이득을 취하려고 해서는 절대로 안 된다.

바로쿡에는 치킨 메뉴가 있다. 그러다 보니 식용유를 많이 사용한다. 처음에는 자세한 정보를 몰라 다른 식당에서 사용하는 식용유를 배달 받아서 썼다. 그런데 어느 날 하루는 기름 색이 너무 탁해 보였다. 이상하게 여겨 자세히 살펴보니 거래처에서 폐유를 섞어서 공급하고 있었다. 그뿐만 아니라 기존에 공급받아 사용해온 기름도 값싼 재생 기름이었다. 대부분의 식당에서 사용하는 기름이라고 해서 모르고 사용했는데, 역시나 싼 게 비지떡이었다.

"가격이 문제가 아니니까 당장 최고급 정품 식용유로 바꿔 와!"

나는 직원들한테 단호하게 말했다. 모르고 사용하기는 했지만, 돈 몇 푼 아끼자고 먹는 것으로 장난치고 싶지는 않았다. 그 후 나는 기름통 청소도 하루에 한 번씩 시켰다. 직원들은 왜 굳이 비싼 기름을 쓰고, 번거롭게 매일 청소를 하냐며 도리어 눈치를 주었다. 다른 식당에서는 이렇게 유난을 떨지 않고도 장사를 잘하고 있다며 말이다.

이 말은 자기 자식에게는 먹이지 않는 음식을 판다는 이야기다. 말도 안 되는 일이다. 원가가 비싸면 가격을 올리면 되지 내가 먹지 않는 음식을 팔 수는 없었다.

관리는 이처럼 사소한 부분에서부터 시작된다. 또 다른 일화가 있다. 한 번은 음료수 회사에서 주문량보다 두 상자를 더 주고 갔다며 직원이 내게 귓속말을 건넸다. 수지맞았으니 안 돌려줘도 된다는 뜻으로 이야기를 전한 것이다. 하지만 나는 직원 머리를 쥐어박으면서 당장 음료수 회사로 돌려보내라고 했다. 직원들이 정직하지 않으면 서비스업을 계속할 수 없다. 바빠서 다른 교육은 못 시켜도 정직만은 지키도록 강조한다. 사업에서는 융통성도 중요하나 '정직'만은 타협을 해서는 안 되는 게 내 원칙이다. 자식은 부모를 보고 배우듯이 직원은 주인을 보고 배우기 때문이다.

10년 전 개업하고 하루도 빠짐없이 지키는 원칙이 몇 가지 더 있다. 가장 먼저 출근하고, 가장 늦게 퇴근하는 것이다. 또한 궂은일은 내가 먼저 하고 나중에 시킨다. 당연히 화장실 청소는 지금도 내가 제일 많이 하고 있다. 영업시간에는 아내나 나나 둘 중 한 사람은 꼭 가게를 지킨다. 가게에서는 술을 마시거나 지인들과 어울려 놀지 않는다. 골프는 치지 않고 유일한 취미인 바둑도 끊었다. 교민 모임 등 사람이 많이 모이는 곳에는 아예 가지 않는다.

이런 원칙을 지키려고 하는 것은 직원들에게 일을 대하는 성실한 자세를 솔선수범으로 보여주는 것이 최선의 교육이자 관리라고 여기기 때문이다. 직원은 어떤 존재인가? 나에게 직원은 손님보다 우선이다. 사장이 직원에게 신뢰를 쌓지 못하면 장사도 사업도 언젠가는 망하게 된다. 특히 서비스라는 상품은 직원을 통해 전해지기 때문에 직원 앞에서는 언행을 늘 조심해야 한다. 한국인들이 중국에 진출해 실패하는 요인 가운데 하나가 바로 직원 관리 문제다.

관리는 가게 운영의 생명이다. 중국 장사에서 사실상 가장 중요한 것은 '관리 부문'이다. 어쩌면 마케팅 4P원칙보다 더 중요하다. 한국에서 가게를 할 때에는 관리 때문에 실패하는 경우가 드물다. 하지만 중국에서는 다르다. 관리 부문에서 예측하기 어려운 장애 요소에 걸려 실패하고 돌아가는 이들이 의외로 많다.

중국 생활이 익숙하지 않은 한국인 사장이 혼자서 관리를 하기란 어렵다. 중국 현지 직원들의 생활습관과 행정제도, 사고방식이 우리와는 의외로 많이 다른 탓이다. 능력 있고 믿을 만한 현지인 매니저를 잘 만나야 관리 부문을 원활하게 해결할 수 있다. 사실 이것이 가장 어려운 과제다. 중국에서는 매니저를 '징리(경리)'라고 한다. 당연히 능력과 신뢰가 갖추어진 매니저를 만나야 한다.

내가 10년간 작은 음식점 경영을 하면서 경험한 관리 부문을 간단히 나열해보고자 한다. 정답은 아니니 참고만 하기 바란다.

첫째가 외부 업무관리이다. 각종 인허가(위생국, 공상국, 환경보호국,

소방국, 공안국, 출입국 관리 등)와 임대차 관리, 세무 회계 등이 외부 업무 관리에 해당한다. 이러한 관리가 하나라도 소홀해지면 사업 전체가 마비되는 일이 다반사다. 외부 업무에서 발생하는 일들이 정리가 안 되면 내부 업무를 아예 진행해서는 안 된다. 상가 임대차 계약을 할 때는 세를 든 임차인과 계약을 하지 말고, 건물 원 주인과 계약을 해야 사고를 줄일 수 있다. 그리고 환보 허가, 위생 허가 등 허가가 나오지 않은 건물은 식당업을 할 수 없다는 점도 고려하여 계약을 해야 한다.

외부 관리를 매니저가 해결할 수 없는 부분은 외부 대행업체나 협력업체를 잘 선정해야 하는 것도 중요하다. 나도 처음에는 이 부분에서 어려움이 참으로 많았다. 현지 실전 경험이 있는 가이드를 만나지 못해서 시간과 경비를 몇 배로 많이 허비했다. 특히 영업허가는 편법이나 불법은 절대 금물이다. 편법으로 하면 성공해 놓고도 망하는 경우가 비일비재하다.

둘째가 내부 업무 관리다. 직원 관리, 주방 관리, 고객 관리, 구매 관리 등도 한국에서 하는 관리 방법과는 많이 다르다. 한국과 달리 직원들 숙소를 반드시 제공해야 한다. 현지인이 드물고 대부분 다른 지방에서 온 사람들이기 때문이다. 젊은 직원들만 생활하는 공간이라서 가끔 숙소에서 사건, 사고도 생긴다. 수시로 점검해야 하는 부문이다. 직원을 뽑을 때도 경력, 성실성, 능력 등이 다양하기 때문에 신중히 잘 살펴야 한다. 직원 채용, 관리, 사직 등도 가능하면 매니저를 통해 하는 것이 요령이다.

내가 느낀 중국인들의 공통적인 특징은 자존심이 매우 강하다는 것이다. 직원들에게 자존심에 상처를 주는 언행은 절대로 하지 말아야 한다. 한국인들은 화가 나면 아랫사람에게 말과 행동을 심하게 하는 버릇이 있는데 주의해야 할 일이다. 또한 작은 차이여도 급여 액수에 상당히 민감하고, 이직률이 상당히 높은 편이다. 한국인 주인 중에는 직원들에게 정을 많이 주다가 냉정하게 가버리는 모습을 보고 황당해하는 경우가 많다. 생활문화의 차이로 받아들여야 할 부분이다.

중국의 도시 근로자들에게는 비슷한 수준의 일자리는 얼마든지 구할 수 있다는 것이 직원들에게는 장점으로 작용한다. 그래서 집안일이나 개인적인 사정이 생기면 언제든지 그만두는 경우가 많다. 회사일보다 내 개인과 집안일을 우선시하는 생활문화 때문이다. 이것 역시 이해해야 할 일이다. 그렇기 때문에 갑작스러운 퇴직으로 가게 운영에 문제가 생기지 않도록 항상 여유 인원을 준비해둘 필요가 있다. 지나치게 한두 직원에게 업무를 의존하는 것은 위험하다. 상·하 급자 구분이 뚜렷한 수직 관계가 아니라 수평적인 조직으로 관리해야 한다.

직원 관리만큼이나 중요한 것이 주방 관리다. 매출 규모가 큰 대형 매장에서는 한국인 주방장이 맡아서 관리를 하면 된다. 그러나 소형 매장에서는 주방장이 한국인이면 인건비가 너무 많이 들어서 안 된다. 메뉴 전체를 정량제로 소스화하여 만들어 놓아야 한다. 주방 직원들은 정해진 소스만 넣고, 끓이고, 데우고, 볶고, 담는 단순 작업만 하게 해야 한다. 야채를 썰고, 프라이팬만 사용할 줄 아는 경력만 되어도 일을 할 수 있다. 이렇게 하지 않으면 일정한 맛을 유지할 수가 없다.

주인이 직접 주방에서 일하는 것은 좋은 방법이 아니다. 일하다 보면 힘들어지고 전체 관리가 잘 안 될 수 있다. 직원들은 책임감과 배려심이 비교적 약하다. 때문에 매니저와 함께 수시로 확인해야 한다. 중국인들에게 '우리'라는 개념은 한국인과는 다르다. 개인주의적인 사고가 매우 강하다. 선임자가 후임자를 적극적으로 가르쳐주지도 않고, 후임자는 적극적으로 묻지 않는 습성이 있다. 신입 직원이 들어오면 이런 점을 참고해서 잘 가르쳐야 한다.

다음이 고객 관리다. 서비스 마인드가 부족하여 교육이 많이 필요한 부분이다. 특히 청소 문제, 청결 문제는 수시로 확인해야 하고 책임제나 업무 구분과 분담을 잘 해야 한다. 복장과 업무 태도도 수시로 점검할 필요가 있다. 고객 불만 사고가 생기면 직원에게 수습을 맡기면 안 된다. 주인이나 매니저가 신속하게 해결해야 한다. 그래서 매장에는 주인이나 매니저 둘 중 한 사람은 반드시 있어야 한다.

음식점은 음식이라는 상품만 파는 곳이 아니다. 기쁨과 만족을 파는 서비스업이다. 다시 말해 맛과 분위기, 정성이라는 서비스를 한데 담아 파는 사업이다. 음식 사업은 '양심 사업이고, 정성 사업이고, 교육 사업이고, 생명 사업이다'라는 정신으로 고객을 관리해야 한다.

구매 관리에도 신경을 써야 한다. 이는 한국인들이 가장 힘들어하는 부분이기도 하다. 식자재 값이 날마다 변하고, 구매 거래처와 단골을 정하여 한국식 신용거래를 하기가 매우 어렵기 때문이다. 외지 사람이나, 현지 사정을 잘 모르는 사람은 바가지를 쓰는 경우가 다반사다. 이런 시장 분위기에 불평불만을 터트려서는 안 된다. 사람들이 나빠서가 아니라 '이들의 상거래 문화다'라고 이해하면서 최선의 방법을 찾아 대응해야 한다.

중국 현지 대형 식당 창고 앞에서는 매일 이른 아침에 구매물품을 저울로 하나하나 달면서 납품업자와 함께 확인하는 모습을 볼 수 있다. 우리 가게는 매니저와 믿을 수 있는 직원이 함께 담당해서 구매 관리를 비교적 잘하고 있지만, 늘 확인하는 것은 운영자의 몫이다.

셋째로 매장 분위기 관리에 힘을 기울여야 한다. K-FOOD는 KOREA가 포스트 브랜드이기 때문에 한국음악, 한국 TV, 한국 전통 풍물 사진이나 포스터 등을 활용하면 좋다. 다시 말해 한류를 담아서 팔아야 하고, 한류를 느낄 수 있는 공간이 되어야 한다. 특히 매장 분위기는 음식점의 3대 요소(맛, 서비스, 분위기) 중 하나라는 것을 항상 명심해야 한다. 매장 분위기 중 특히 세심하게 신경을 써야 할 장소는 화장실이다. 중국 식당에는 아직도 화장실 부문이 상당히 취약하다. 한 사람이 사용하더라도 깨끗이 청소해야 한다는 생각으로 임해야 한다.

마지막으로 직원 교육과 복지 관리에 신경 써야 한다. 서비스업은 기쁨과 만족이라는 상품을 파는 마인드 사업이다. 서비스는 직원들의 마음으로부터 고객에게 전달된다. 직원들의 마음은 교육으로 빚어지고 복지로 다듬어진다.

'최고 서비스 = 최고 인재 + 최고 교육 + 최고 복지'는 불변의 공식이다. 교육 매뉴얼과 복지 매뉴얼이 중요하다. 예를 들어 일본에서 유명한 MK택시는 택시운송 사업이지만 핵심 엔진은 교육과 복지다. 고객에게 기쁨과 만족을 파는 서비스 산업이기 때문이다. 당연히 K-FOOD 사업도 외식 사업이지만 핵심 동력은 직원 교육과 복지다. 한류 마인드(따뜻한 인간애)로 흔들림 없는 관리, 원칙을 준수하는 가게 운영은 사업의 흥망을 좌우하는 핵심이다. 특히 중국에서는 더욱 중요하다.

서로 돕고 협력하는
화교 상술에 답 있다

사마귀는 팔뚝을 휘둘러 수레에 맞섭니다.
제 능력만 믿고 세상 무서운 줄 모르는 거지요.
−《장자》, 〈인간세〉 중 거백옥의 말

요즘 도회지 생활을 마감하고 귀농을 꿈꾸는 사람이 많다고 들었
다. 수십 년 도회지 생활로 산전수전 다 겪은 사람도 시골에 오면 어
린아이나 다름없다. 도회지에서의 경험을 믿고 호기를 부리다가는
큰일 날 일이다. 그래서 귀농인이 가장 먼저 해야 할 일은 그 동네에
사는 이웃들의 마음을 얻는 일이라고 들었다. 그 일이 귀농 성공의
첫 단추라는 말이다.

해외 창업도 마찬가지다. 한국에서 성공 경험을 믿고 호기를 부리
다가는 큰코다친다. 동네마다 풍습이 다르듯이 중국에도 지역마다

생활습관 및 잠재적 장애 요소가 다르다. 사업 환경이 다르다는 말이다. 그래서 하고자 하는 지역에서, 하고자 하는 업종에서 성공의 답을 찾은 사람을 만나야 한다. 그리고 그들의 마음을 얻어야 한다. 이 일이 해외 창업의 첫 단추다. 첫 단추가 잘못 끼워지면 시간이 지날수록 일이 크게 꼬이고, 시간이 갈수록 큰 사건과 사고가 기다리고 있다. 사업은 연습 없는 실전이고 진검 승부다. 사업 초기에는 작은 실수에도 치명상을 입기 때문에 첫 단추의 중요성은 아무리 강조해도 지나치지 않다.

그렇다면 첫 가이드는 누구에게 부탁해야 할까? 귀농을 할 때 동네 어르신을 찾아뵈러 가듯이, 하고 싶은 분야에서 성공한 우리 교민을 찾는 것이 최선이다. 참으로 다행스러운 일은 중국에는 지역마다, 분야마다 성공한 우리 교민이 참 많다. 성공한 사람에게는 반드시 성공하는 이유와 비결이 있다. 그들은 중국에서 장사로 성공하는 길을 몸으로 체득하여 길을 찾은 사람들이다. 찾아가라.

정직한 마인드와 성실한 자세만 확인하면 그들은 얼마든지 도와준다. 중국에서 사업을 실패했거나 형편이 어려운 사람은 가끔 무리한 훈수를 하는 경우도 있다. 하지만 성공한 사람들은 그럴 이유가 전혀 없다. 그들은 정직하고 성실한 사람을 만나면 도와주고 싶어 하는 사람들이다. 나 또한 그중 한 사람이다. 우리 가게 부근에서 한국음식점을 하고 싶다면 직접 찾아와서 나를 만나기 바란다. 그런데 안타깝게도 그렇게 시작하는 사람을 한 사람도 못 봤다. 협력자가 아닌 경쟁자로 보는 것이다. 아군이 아니라 적군이라 생각하고 너 죽고 나 살자는 심보다. 그렇게 해서라도 성공하면 다행인데 10년간 아직 한 사람도 못 봤다. 좁은 서울 뒷골목에서나 하는 버릇을 중국 대륙에서도 버리지 못하는 어리석음이다.

외국에서 사업하는 사람의 첫 번째 원칙은 한국인끼리 경쟁을 하려고 해서는 안 된다는 것이다. 서로 상생할 수 있는 방법이 무궁무진하다. 우리 가게와 같은 K-FOOD 가게는 중국에 10,000개가 더 있어도 모자라는 드넓은 시장이다. 욕심을 내고 경쟁할 일이 아니라는 말이다. 그 누구와도 경쟁하려고 하지 말라.

"상(商)이 바로 서면 세상이 바로 선다."

나에게 자신의 삶을 챙기며 살아야 한다고 귀가 따갑도록 가르쳐 주시고 간 강신무 선생님 말씀이다. "자신의 삶을 잘 챙기려면 거래를 잘해야 한다."는 말씀도 함께 강조하셨다. 물건을 만드는 사람도, 물건을 사는 사람도, 물건을 파는 사람도 서로에게 도움이 되어야 한다. 서로에게 이익이 되지 않고 한쪽만 이익이 생기는 거래는 해서는 안 된다.

상거래뿐만 아니다. 이성 관계도, 친구 관계도 주고받는다는 마음으로 서로에게 도움이 되고, 기쁨이 되도록 노력해야 한다. 여기서 주의할 점은 '받고 주려고 하지 말고, 주고 받으라'는 점이다. 선생님 말씀대로 모두가 이렇게 바른 거래를 한다면, 자신은 물론 세상 모두가 얼마나 평화롭겠는가. 세상이 점점 더 각박해진다는 말은 상(거래)이 점점 더 바르지 않다는 말이기도 하다. 도움을 청할 일이 있으면, 먼저 솔직함과 정직함을 먼저 보여주어야 한다. 그 어떤 피해도 끼치지 않겠다는 증명을 먼저 해준다면, 성공한 사람들이 도움 요청을 거절할 이유가 없다.

우리나라에서 중화요리로 성공한 중국 화교들의 삶을 떠올려보자. 화교들은 어려운 시기에 한국으로 건너와서 대부분 중화요리 식당을 운영하며 먹고 살았다. 그들은 한국인 입맛에는 낯설고 기름진 중국음식을 우리 취향에 맞게 변형해 최고의 대중음식으로 자리매김했다. 그 결과 중화요리를 우리나라 외식 아이템 부동의 1위로 만들어 놓았다. 한국에 정착한 화교들은 우리나라에 새로운 식문화를 창조한 참으로 귀한 분들이다. 주방과 홀에서 중국말이 오가는 화교들의 가게는 인기가 더 좋았다. 진짜 중국집이라는 이미지 때문이다. 40~50년 전 중국집 중화요리는 별미 중에 별미였다. 입학식이나 졸업식 날이면 반드시 짜장면을 먹는 날로 생각했을 정도로 짜장면은 인기 메뉴였다.

우리나라에 정착한 화교들은 동종 업종에 종사하더라도 자기들끼리는 절대로 경쟁을 하지 않았다. 경쟁 관계가 예견되는 가까운 장소에는 가게를 열지 않는 것이 그들이 지키는 첫 번째 원칙이다. 같은 시내에 있는 가게의 화교 사장들은 한 달에 한 번씩 정규 모임도 가진다. 새로운 정보도 나누고, 신 메뉴도 서로 맛보고, 식자재도 공동으로 구매한다. 그뿐만 아니라 경조사가 생기면 친형제처럼 가족처럼 모여 기쁨과 슬픔을 함께 나눈다. 시장이 넓고, 차별화된 외식 브랜드이니 경쟁보다 협력이 더 큰 힘이 된다. 함께 성공할 수밖에 없는 마인드다.

지금 중국으로 진출하고 있는 K-FOOD 사업도 그 옛날 화교들이 한국에서 중화요리 외식업을 할 때와 똑같은 상황이다. 시대 상황만 다르고, 사업을 펼치는 나라만 바뀌었을 뿐이다. 중국에서 한국음식은 차별화된 외식 브랜드다. 중국 젊은이들이 좋아하는 인기 메뉴이고 시장도 넓다. 한국인끼리 경쟁을 해야 할 이유가 없다. 한국에서 화교들이 성공을 일구어내듯 한국인들도 서로 협력하여 중국에서 새로운 식문화를 창조해보자는 말이다. 천송이 치킨 열풍처럼 한류와 한식을 융합하면 최고의 경쟁력을 갖춘 글로벌 외식 브랜드가 만들어질 수 있다고 확신한다.

하지만 안타깝게도 중국으로 진출하고 있는 한국음식점들은 협력이 아니라 경쟁을 하고 있다. 함께 실패할 수밖에 없는 마인드다. 한국 교민들은 혼자 성공하려는 버릇을 버리지 못하고 경쟁하려 든다. 지역 내 기존 점포를 경쟁 대상으로 보며 일체 교류하지 않는다. 심지어는 손님으로 가장하여 방문하고 사업장 정보들을 빼낸다. 같은 메뉴의 경우에는 가격까지 할인한다. 너 죽고 나 살겠다는 고약한 심보다.

그렇게라도 성공하면 다행이다. 그런데 그렇게 배타적인 자세와 이기심을 품고 성공에 이른 사람을 지난 10년간 단 한 명도 보지 못했다. 그렇게 해서 이루는 사업 성공은 잠시는 누릴지 몰라도 인생 성공은 요원하다. 한국음식은 중국인들이 따라 할 수 있는 업종이 아니기 때문에 그들과 경쟁할 일도 없다. 화교들의 상인 정신처럼 서로 상생할 수 있는 방안을 모색해야 한다. 방법은 무궁무진하다. 시장도 무한하다. K-FOOD 사업은 물론 모든 생활에서도 상생 마인드를 기본으로 삼아야 한다.

'중국인과 상생하고, 조선족과 상생하고, 교민들과도 상생을….'

현지화 콘셉트가
생명이다

대중은 한 번 흩어지면 다시 모이기가 힘든 법이다.
– 범엽,《후한서》

중국에는 음식을 품평하는 분명한 기준이 있다. 향미색형양의(香味色形養意)라 하여 향과 맛, 색깔, 모양, 영양과 의미를 따지는 것이다. 중국 대중문화 전문가 정광호는《음식 천국 중국을 맛보다》에서 이렇게 품평의 기준이 다양한 것으로 중국음식 문화의 깊이와 폭을 가늠할 수 있다고 했다.

"중국인들은 땅 위에 네발 달린 것은 탁자 빼고 다 먹고, 물속에 있는 것은 잠수함 빼고 다 먹고, 하늘에 날아다니는 것은 비행기 빼고 다 먹는다."라는 농담도 있다. 중국음식은 지상의 모든 자연물을 식재료로 활용한다는 말로서 중국음식의 다양함을 대변하는 말이다. 다양한 소수민족과 각 지방 특색의 음식 문화가 어우러지고, 양념과 조리법, 불의 세기와 재료 손질법에 따라 맛이 달라지는 섬세함까지 배어 있다. 중국음식 문화는 '요리의 천국'이라는 별명을 붙을 만큼 세계인들에게 다양함과 우수성을 인정받았다.

K-FOOD 사업으로 음식 천국인 중국에서 새로운 음식 문화를 창조하려면, 이러한 중국음식 문화의 속성을 이해하고, 중국인들에게 또 다른 외식 즐거움을 줄 수 있는 차별화된 콘셉트가 반드시 준비되어야 한다. 한국음식 특유의 강점을 살리고, 요리에 스토리, 정성, 한류 분위기를 함께 담는 과정이어야 한다. 이를 한마디로 '콘셉트 정리'라 하겠다.

다시 말해 지향하는 주 고객의 요구(NEEDS)를 찾아 그들에게 '기쁨과 만족'이라는 답을 찾아주기 위해 분야마다 방향 설정을 하는 로드맵이 콘셉트다. 중국에서 음식 장사를 할 때 여기에서 잘못되어 실패하는 사례가 의외로 많다.

넓은 바다에 나가 모든 고기를 다 잡을 수는 없다. 오징어를 잡으려면 오징어를 유혹할 수 있는 장비와 전략이 필요하고, 고등어를 잡으려고 할 때도 마찬가지다. 부실한 콘셉트로 장사를 한다는 것은 부실한 설계 도면을 가지고 집을 짓겠다는 것과 같고, 부실한 장비로 고기를 잡겠다고 험난한 바다에 나가는 것과 같다. 그래서 모든 장사에는 콘셉트가 중요하다.

'한국형 콘셉트인가? 현지형 콘셉트인가?'

'주 고객은 한국인인가? 중국인인가?'

'나이는 중장년층인가? 젊은층인가?'

'가격은 고가인가? 저가인가?'

'규모는 대형, 중형, 소형 어느 규모로 정할 것인가?'

'주 메뉴 구성과 부가 메뉴 구성은 어떤 것으로 할 것인가?'

'고품격 콘셉트인가? 일반 푸드코너형 콘셉트인가? 상권에 적합한 콘셉트인가?'

이런 물음에 명확하게 답해야 한다. 콘셉트 정리는 장사의 목적을 정리하는 일이고, 그 목적을 달성하기 위한 전략전술이 구사되어야 성공이라는 답을 찾을 수 있다.

지금까지 중국에 진출한 소형 콘셉트 K-FOOD 가게들은 대부분 한국인 집성촌에서 한국식 콘셉트로 한국인을 주 고객으로 하여 운영되는 경우가 많다. 이런 경우 많지 않은 교민 고객을 두고 한국인 업소들 간에 경쟁해야 하며, 교민 이동에 따라 매출 기복을 많이 겪게 되어 사업이 안정적이지 못하다. 우선 중국 진출에 성공하려면 처음부터 현지화 콘셉트가 준비되어 있어야 한다.

주의해야 할 점은 우리와 판이하게 다른 중국인의 식습관이다. 특히 중국은 땅이 넓어 환경, 여건, 지역에 따라 취향이 다르고, 경제

수준과 시장 성격에도 차이가 있다. 그래서 시작 단계부터 현지 리서치를 철저히 해서 신중하게 콘셉트를 잘 정해야 한다. 예를 들어 한국에서 유명한 돈가스, 냉면, 닭갈비, 치킨, 피자, 중화요리, 일식, 호프 등 대부분의 전문점이 현지화에 실패했다. 실패 원인은 맛이 없어서가 아니다. 한국식 콘셉트를 그대로 유지했기 때문이다. 제주도 감귤을 서울에 심은 형국이다.

현지화 콘셉트로의 전환을 위해 먼저 중국인의 식생활부터 파악해야 한다. 중국인의 식생활은 크게 두 가지 형태로 구분된다. 가정에서나 직장에서 혼자서 한 끼 끼니를 때우는 식사가 있고, 접대를 하거나 친구들과 단체로 즐기는 만찬이 있다.

대부분 중국의 가정은 부부가 맞벌이로 일을 하기 때문에 집에서 밥을 해 먹기보다 거의 외식을 한다. 집에서 밥을 해 먹을 경우, 반찬은 볶음 요리로 하나 정도 준비하고 주식은 밥이나 빵으로 하여 간단히 해결한다. 부자들도 상당히 검소하게 먹는 편이다. 밖에서 먹을 때도 혼자서 먹을 때는 기본 식사 정도로 검소하게 먹는다.

그러나 비즈니스 접대를 하거나 여러 명이 함께 즐기는 식사를 할 때는 상황이 전혀 달라진다. 상상 이상으로 푸짐하고 과한 상차림을 즐긴다. 중국 문화에는 여러 요리를 다양하게 주문해 배부르게 나눠 먹는 식습관이 있다. 한국에서도 화교 셰프가 운영하는 중화요리 전문점에 가면 원형으로 된 돌아가는 식탁을 볼 수 있다. 그 원탁에 여러 요리를 두루 놓고 빙글빙글 돌려가며 나눠 먹기 위해서다.

이러한 현지인의 식습관과 K-FOOD의 특성을 종합적으로 고려해볼 때, 한류 외식업의 콘셉트는 간편식보다는 고급형 콘셉트에 초점을 맞추는 것이 유리하고, 여럿이서 함께 푸짐하게 즐길 수 있는 다양한 메뉴 준비가 필수다.

한국에서는 앞서 이야기한 돈가스, 감자탕, 닭갈비, 칼국수, 냉면 등 대중화된 단일 메뉴 전문점을 열 때 장사 성공률이 높다. 단일 메뉴로 해야 전문성이 돋보이기 때문이다. 하지만 중국에서는 다르다. 아무리 맛있는 단일 메뉴가 있어도 다양한 메뉴가 없으면 어색한 상차림이 된다. 예를 들어 마치 전주 막걸리거리의 술상차림처럼 밥, 탕, 면, 볶음, 해물, 육류, 술 등이 메뉴에 고루 있어야 다채롭고 푸짐한 만찬 상차림이 된다. 이런 식습관을 고려하지 못한 전문점들은 망할 수밖에 없는 콘셉트다.

그리고 한국에서 가장 인기 있는 중화요리나 한국식 일식요리 전문점도 중국 현지화에 실패해서 우리나라로 돌아가는 경우를 많이 봤다. 그 이유인즉 중국인에게 한국식 중화요리는 가격은 비싼데, 한류를 체험하는 한국식 별미도 아니며, 진짜 중국식 별미도 아니어서 애매모호하다는 것이다. 현지 요리집에서 더 싸고 더 푸짐하게 즐길 수 있는데 굳이 한국식 중화요리를 먹을 필요가 없는 것이다. 중국에서 현지화에 실패할 수밖에 없는 콘셉트인 셈이다. 한국식 중화요리와 한식이 함께 어우러지는 콘셉트가 유리하다.

한국식 일식 전문점은 다른 이유에서 현지화가 어렵다. 중국인은 오랜 식습관 중 하나는 익히지 않은 음식과 찬 음식을 별로 좋아하지 않는다. 차가운 냉수를 잘 마시지 않는다. 심지어 무더운 여름에도 차갑지 않은 맥주를 찾는다.

날것으로 먹는 생선회도 중국인에게는 아직 낯설다. 생선회를 주메뉴로 하는 한국식 일식은 정통 한식도 아니고, 정통 일식도 아닌 셈이다. 생선회를 즐기는 사람들이 늘어나고 있다고는 하지만, 대중화 단계까지는 시간이 더 필요하다고 생각된다. 역시 한국식 일식과 한식이 어우러지는 콘셉트가 유리하다.

한국에서 제법 성공한 호프 전문점도 중국에서 현지화에 실패했다. 중국인은 식사를 하면서 술을 같이 마시는 문화가 있다. 한국처럼 요기를 하고 2차, 3차로 술을 즐기는 문화가 아직은 낯설다. 요즘 인기를 끌고 있는 치맥도 식사를 하면서 즐기는 경우가 대부분이다. 한국식 호프 문화도 중국에서는 시간이 필요하다.

이상 몇 가지 사항은 현지화 콘셉트의 중요성을 강조하기 위한 예시다. 중국에서 장사를 하려면 중국인 특유의 문화와 생활습관에 대한 세밀한 고려가 필요하다. 중국에서 음식이란 단지 배를 불리기 위한 수단이 아니다. 좋은 사람들과 함께 음식을 나누면서 분위기와 관계, 이야기를 즐기는 교류의 장이다. 그 교류의 장에 스토리와 고급

문화가 어우러지는 차별화된 K-FOOD 콘셉트로 화교의 짜장면에 버금가는 새로운 식문화가 대륙에서 만발하길 기원한다.

겸손과 미덕이
가장 큰 무기다

힘 있는 사람은 재빨리 남을 돕고,
돈 있는 사람은 힘써 나누어주고,
도를 깨우친 사람은 남에게 가르쳐주어야 한다.
– 묵자, 《상현》 하편

　어느 아침 일이다. 기분 좋게 사우나를 하고 나오던 길에 카운터 앞에서 한국인과 마주쳤다. 그는 40대 중반쯤 되어 보였다. 반가워서 말을 걸었다.

　"한국에서 오셨나 보네요?"

　"네."

　"여행 오셨나 보죠?"

　"네."

　"칭다오 여행은 재미있었나요?"

"아니오."

"자, 그럼 잘 놀다 가세요."

"(내 눈치를 살피며) 네."

잠시 나눈 대화로 나는 이상한 사람이 되었다. 참 어색한 만남이었다. 몇 마디 말이 단답형으로 오가는 동안 나는 그가 '중국에 살고 있는 교민이구나!' 하고 직감했다.

깊은 산속에서 가장 무서운 건 호랑이가 아니라 사람이란다. 중국에서 생활하는 한국인이 가장 무서워하는 사람은 중국인도 아니고, 조선족도 아니고 한국 교민이란다. 고향 까마귀도 객지에서 만나면 반갑다고 하거늘, 같은 나라 사람끼리 타국 땅 중국에서 만나면 반갑기는커녕 슬금슬금 피하기 바쁘고, 탐색하고, 눈치를 살피다니…. 참 씁쓸하고 안타깝다.

그만큼 교민 간에 사건, 사고가 많다는 이야기다. 그 원인을 살펴보면 사람이 나빠서가 아니다. 사람과 사람 사이에 신뢰가 생기려면 시간이 필요하다. 그런데 중국에 사는 한국 교민들은 이동이 잦은 편이다. 서로 간에 신뢰의 뿌리가 약한 상태에서 인연을 맺고 거래를 트다 보니 자연스레 사건, 사고가 많이 발생한다.

또 한 가지, '곳간에서 인심 난다'라는 속담이 있다. 중국으로 오는 한국인들은 대체로 경제적으로 여유롭지 못한 사람이 많다. 나처럼 한국에서 사업을 실패했거나 굴곡진 삶을 경험한 사람들이 많이 건너온다. 생활이 넉넉한 이들은 해외 창업이나 투자 이민을 가도 유럽, 캐나다, 미국을 선호한다. 군대에 입영하여 훈련소에서 배고플 때, 빵 한 조각이 생기면 화장실 모퉁이에 서서 허겁지겁 먹어 치우던 기억이 있다. 생활이 절박하게 되면 사람은 평소에 안 하던 언행도 하게 된다. 타국에서의 생활은 훈련소 생활만큼이나 경제적·정신적으로 긴장되어 마음 여유가 없다. 서로가 각박한 환경에서 만나는 인연이라 배려나 정을 나눌 여유가 없는 것 같다.

우리 가게 근처에서 옷 가게를 운영하는 양 사장의 경험담이다. 그는 지난 8년 동안 온갖 고생을 이겨내며 현지화에 성공한 굴지의 젊은이다. 지금은 가게 두 채를 운영하면서 대기업 부장급 연봉 이상의 고수익을 올리고 있다. 한국에서 사업하는 것보다 훨씬 수입도 좋고 재미있다고 한다. 자신감 넘치고 꿈도 야무지다.

양 사장의 옷 가게는 교민들 사이에서도, 중국인들에게도 잘 되는 가게로 소문이 나 있다. 양 사장은 아는 사람의 소개로 동년배 한국 친구 한 사람을 알게 되었다. 그렇게 친구로 지낸 지 1년 정도 됐을 무렵이다. 그 사람은 양 사장에게 한마디 상의도 없이 양 사장 가게와 똑같은 콘셉트로 근처에 가게를 열었다. 심지어는 가격까지 할인하며 판매해 양 사장에게 타격을 주었다. 양 사장은 그를 친구로 생각했지만 그에게 양 사장은 사업 콘텐츠 복제를 위한 도구에 지나지 않았던 것이다.

양 사장은 정신적인 충격이 컸다고 한다. 서로 마음으로나마 도와주고 걱정해주는 친구 사이라고 생각했는데, 뺏고 빼앗기는 적이 되어 버렸기 때문이다. 가깝다고 생각한 사람에게 이런 일을 당하면 후유증이 오래간다. 그 후 양 사장은 한국인을 만나면 자기도 모르게 경계심을 품게 되었다고 한다.

그 친구는 1년 만에 가게 문을 닫고 한국으로 돌아갔다. 그런 마인드로는 절대 성공할 수 없다. 성공했다고 한들 절대로 오래가지 못한다. 특히 중국에서 하는 서비스업은 겉모습과 기술만 복제한다고 해서 성공할 수 없다. 보이지 않는 잠재적 장애 요소가 너무 많기 때문이다. 눈에 보이는 것은 복제할 수 있지만, 8년이라는 세월에 쌓인 내공까지는 복제할 수 없다.

세상에는 돈보다 귀한 것이 많다. 하수는 돈을 좇지만 고수는 사람을 좇는다. 그 친구는 돈만 좇다가 돈도 잃고 사람도 잃는 최악의 방법을 택했다. 요즘도 양 사장 가게에는 두리번거리다가 말없이 나가는 한국인이 많다고 한다. '솔직하게 신분을 밝히고 물어보면 도움과 정보를 얼마든지 알려줄 텐데….' 하고 양 사장이 안타까워하며 말했다.

한국 교민을 협력 대상으로 보지 않고, 이용 대상이나 경쟁 대상으로 여기는 어리석음 때문이다. 중국이라는 시장의 가장 큰 장점은 넓다는 것이다. 한두 사람이 욕심낼 수 있는 시장이 아니다. 그 넓은 시장을 잘 활용하면 서로가 잘될 수 있는 방법이 무궁무진하다. 우리 가게 이야기도 하나 덧붙이겠다.

양 사장의 옷 가게처럼 바로쿡도 장사가 잘되는 가게로 소문이 나 있다. 소문을 듣고 손님으로 몇 번 온 다음, 메뉴와 콘셉트를 복제하여 우리 가게 근처에 음식점을 낸 사람이 몇 명 있었다. 그들도 예외 없이 1년 만에 알토란 같은 투자금, 2~3억을 날리고 중국을 탓하며 돌아갔다. 음식 장사 또한 옷 가게와 마찬가지로 겉모습만 복제한다고 되는 일이 아니기 때문이다.

양 사장이나 나나 솔직하게 말하면서 다가오는 사람에게는 정확한 컨설팅을 해준다. 이미 자리를 잡았기 때문에 한국 교민을 이용하여 피해를 줄 이유가 없다. 사업이 안정되어 있으니 무리할 이유도 없다. 기술과 노하우를 숨길 이유가 없다. 오히려 가르쳐주고 싶어서 이렇게 글까지 쓰고 있지 않은가.

한국식 피자 가게를 예쁘게 현지화한 교민이 있다. 이 분 역시 중국에서 장사한 지 10년이 넘었다. 그 사장님이 직원에게 꼭 당부하는 말이 하나 있단다.

"한국인이 나를 찾아오면 무조건 없다고 해라!"

이 말이 무슨 뜻인가? 한국 교민 손님은 피자를 사가도 반갑지 않다는 얘기다. 되도록 한국인은 손님으로도 가게에 찾아오지 않는 것이 고마운 일이란다. 만나면 이롭기는커녕 불편함이 많다는 이야기다. 교민 대부분 중국 직원을 데리고 일하는 어려움을 모른다. 현지화를 이루어 주 고객 99%가 중국인이라는 것도 모른다. 운영 시스템도 한국식이 아니라는 것도 모른다. 가게 주인이 한국인이고, 자신이 한국인이니 서울 강남의 음식점 서비스 스타일로 대우를 해 달라고 한다.

여기까지도 웃어넘길 만하다. 직원을 무시하고 심지어 주인장까지 무시하는 언행을 스스럼없이 하는 한국 교민이 너무 많다. 이런 안하무인 진상 손님이 많아도 너무 많다. 점잖은 사람도 예비 군복만 입으면 철없는 짓을 한다는 말이 있다. 그 말처럼 중국에만 오면 고약한 버릇을 드러내는 한국인이 참으로 많다.

중국인이라 무시하고, 조선족이라 무시하고, 현지 교민까지 업신여기는 언행을 스스럼없이 일삼는 사람이 비일비재하다. 자기 눈에 보이는 중국만 중국이라고 착각하고 있다. 무례함과 오만함이 넘치는 어리석음이 아닐 수가 없다. 한국에서도 겸손은 미덕이다. 하지만 해외에 나가면 언행을 더욱 조심해야 한다. 혼자 욕먹고 끝나는 일이 아니기 때문이다. 자신은 물론 나라와 민족까지 욕을 먹이게 된다. 제발 한류를 더럽히는 민망한 한류 전도사는 되지 말아야 한다는 말이다.

앞서 말했지만 중국인은 하나같이 자존심이 강하다. 남녀노소 누구나 무시당하는 것을 싫어한다. 자신을 무시하고, 중국을 무시하고 업신여기는 행동은 절대로 그냥 넘기지 않는다. 하는 사업을 망하게 하는 것은 물론이고, 보복까지 당하게 된다. 상처 입힌 대로 받는 것이 아니라 몇 곱으로 보태어져 되돌려 받는다는 것을 명심해야 한다.

반대로 중국에서 겸손과 상생을 기본 미덕으로 삼아 사업을 한다면 중국은 반드시 기회의 땅이 된다. 사업 성공은 물론 인생 성공까지도 쉽게 거머쥘 수 있다. 해외에서 성공하는 사업은 의미가 다르다. 한국에서나 해외에서나 상생 마인드로 장사한다면 누구나 최고의 군자가 되고 최고의 철학자가 될 수 있다.

CHAPTER 4

기회의 땅,
중국에서
성공하려면

—

편법이나 불법은 꿈에도 생각 말라

진심과 인정은 어디에서나 통한다

급변하는 중국, 지금이 기회다

우리와 너무 다른 '차이'를 인정하라

누구를 만나건 만만히 보지 말라

STORY 18

편법이나 불법은
꿈에도 생각 말라

마음이 편하면 몸이 건강해진다.
- 중국 격언

지피지기 백전백승(知彼知己 百戰百勝). 손자병법에서 가장 유명한 말이다. 원문은 지피지기 백전불태(知彼知己 白戰不殆)로 '적을 알고 나를 알면, 백번을 싸워도 위태롭지 않다'는 뜻이다. 아무튼 중국에서 사업을 하려면 중국을 알아야 살아남을 수 있고, 중국을 알아야 성공할 수 있다는 말과 통하는 말이다.

중국에서 작은 성공을 거두고 이제, 지난날 겪었던 실패를 돌아볼 여유가 생겼다. 그동안 겪은 사업 실패의 요인은 한마디 말로 압축되었다. 온전히 100% 내 탓. 절대로 누구를 탓할 일이 아니다. 한국에 있으나 중국에 있으나 잘되는 가게는 잘되는 이유가 있고, 망하는 가게는 반드시 실패하는 이유가 있다. 환경을 원망하지 말고, 남을 탓하지 말며 그 이유가 자기에게 있다는 것을 깨달아야 한다. 그렇지 않으면 또다시 실패는 되풀이될 수밖에 없다.

중국에서 사업을 시작할 때 반드시 주의해야 하는 원칙들이 있다. 첫째는 혼자만의 생각으로 시작하지 말라는 것이고, 둘째는 한국에서의 성공 경험은 반드시 잊어야 한다는 것이다. 제주도 감귤을 서울에 심는다고 열매가 맺힐까? 씨앗이 같아도 토양이 다르고 기후가 다르기 때문에 감귤 농사가 잘될 리 없다. 사업도 마찬가지다. 중국은 토양이 다르고 기후도 다르고 문화도 다르다. 거기에 사람 관리 등 잠재적 장애 요소가 다분하다. 이렇게 환경이 다른 농장에서는 비닐하우스를 치듯이 특단의 방법을 동원해야 소출을 낼 수 있다. 그 방법을 알고 싶다면 계획하는 사업 분야에서 성공한 이를 만나 현지 컨설팅에 대한 조언을 얻거나 상생 협업을 요청해야 한다.

'카더라 통신'은 "~하더라"라는 검증되지 않은 정보에서 비롯한 소문을 일컫는다. 이런 불확실한 입소문은 정보가 아니라 독이다. '카더라 통신'을 믿고 일을 추진하다가는 백전백패다. 정보를 정확히 분석하고 판단하기 위해서는 확실한 현지 정보를 제공하는 사람을 만나야 한다.

한국에서도 마찬가지지만 중국 장사의 핵심은 첫째도 사람, 둘째도 사람, 셋째도 사람이다. 해외 창업에서 생기는 실패 사례의 99.9%가 사람을 잘못 만나서 생긴 것이다. 사람 사이에 생긴 문제는 대부분 법으로 해결되지 않는다. 그만큼 법이 멀리 있다는 말이다. 견물생심에 흔들리지 않는 사람, 시간이 지나도 변하지 않는 사람이라는 확신이 들지 않는다면 협업을 시작해서는 안 된다. 사업 시스템이 운영되기 전까지 끊임없이 확인 작업을 해야 한다.

컨설팅을 요청하거나 협업할 사람을 찾아 나설 때 반드시 지켜야 할 주의 사항이 있다. 먼저 이력서와 자기소개서, 신원보증인 연락처 등 최소한의 서류를 지참해야 한다. 세상 어디에나 사기꾼은 있고, 거짓말을 할 가능성은 누구에게나 있다. 특히 중국에는 별의별 사람이 다 있다. 말로만 믿어 달라고 해서는 안 된다. 문서로 공인된 최소한의 서류라도 확인할 수 있게 해야 한다.

사업 인연을 맺고자 할 때 그 사람의 말만 믿고 결정하다가는 사고 나기 십상이다. 반드시 그 사람의 생활태도를 확인해야 한다. 가정생활이 불안정하고 저녁 음주가 잦으며 모임이 많은 사람은 반드시 피해야 할 사람이다. 각종 잡기를 즐기고 골프나 운동 등 지나친 취미생활을 즐기는 사람도 피해야 한다. 특히 시간 약속, 전화 약속 등 작은 약속을 지키지 못하는 사람과는 사업 이야기를 논해서는 안 된다. 만약 작은 약속도 못 지키면서도 사업이 잘된다면, 일시적인 것일 뿐 얼마 못가 기세가 하락하게 된다.

중국에서는 혼자만의 확신으로 사업을 시작하면 거의 실패한다. 중국뿐만 아니라 해외 창업은 혼자 생각만으로 진행해서는 안 된다. 중국어가 아무리 능숙해도 혼자 힘으로는 10년을 연구했어도 부족하다. 곳곳에 산재한 지뢰밭을 다 밟아야만 알 수가 있기 때문이다. 좋은 컨설턴트나 협력자를 못 만났다면 시작을 늦춰야 한다. 적어도 해당 분야에서 직원으로나 매니저로 3년 이상 현장 경험이라도 쌓아야 한다. 그만큼 해외 창업은 신중하게 시작해야 한다.

현지에서 컨설팅을 받을 만한 협력자를 만났다면 먼저 자신의 신분을 확인시켜 주는 것이 기본이다. 사업에 대한 협력은 사업 테크닉이나 능력보다 상생 마인드와 신뢰가 우선이다. 옛날 우리 조상님은 신선이 되는 선도(仙道) 공부를 시작할 때 반드시 스승을 찾아 나서야 했다. 스승은 제자가 찾아오면 나무하기 3년, 밥짓기 3년을 시킨다. 변하지 않는 근기(根氣)를 확인하기 위해서다. 그 과정을 통과한 제자에게만 경전 공부를 시켰다. 그만큼 근본 자세가 중요하다는 말이다.

서로에게 도움이 되지 않고, 서로 간의 신뢰 관계가 돈독하지 않다면 도움을 청해서도, 가르쳐주어서도 안 되며 협업은 더더욱 해서는 안 된다. 물질 거래뿐 아니라 신뢰를 쌓을 때도 기본은 '먼저 주는 것'이다. 물질과 마음이 부족하다면 노동이라도 먼저 줘야 한다. 1년이 부족하면 3년이 걸려서라도 성실과 신뢰를 증명해 보이겠다는 마음가짐으로 한다면 성공이 보장될 것이다.

중국에서 사업을 하려는 사람에게 해주는 또 한 가지 조언이 있다. 서두르지 말라는 것이다. 급하게 일을 하지 말고 쉽고 작은 것부터 하나씩 준비해야 한다. 열 개 중에서 한 개만 틀려져도 일이 마비된다. 한 번 잘못된 일은 수습하기 어렵기 때문에 서두르면 안 된다. 부담스러운 투자도 금물이다. 한 방 승부는 없다. '크게 하나'보다는 '작게 여럿'이 유리하다. 그래야 위험이 분산된다.

마지막으로 강조하고 싶은 주의사항이 있다. 편법과 불법은 꿈에도 생각하지 말라는 것이다. 중국은 우리나라보다 법치가 엄격하다. 10년 전 중국을 생각하면 큰 오산이다. 외국인에게 공상 행정 관리법이나 비자 관련 법 규정이 까다롭다고 조선족 명의나 한족 명의로 가게를 시작하는 경우가 더러 있다. 그렇게 편법을 써서는 성공할 수 없다. 이는 첫 단추를 남의 옷자락에 끼우는 행위와 같다. 바둑에도 기본 정석이 중요하고, 운동에도 기본기가 중요하듯 장사나 사업에서도 기본 원칙이 중요하다. 앞에서도 이야기했듯이 '상(商)이 바로서면 세상이 바로 선다'라는 말을 다시 한 번 기억하자. 여기에서 상(商)은 거래의 기본 질서이고, 자연의 이치가 담겨 있는 말이다.

"군자의 사귐은 담백한 물과 같고, 소인의 사귐은 달콤한 술과 같다(君子之交淡如水 小人之交甘若醴)."

《장자》에 나오는 말이다. 사람들은 장자를 세속에 초탈하여 산속에 묻혀 홀로 살아간 도인쯤으로 여기지만, 사실 그는 살아생전 누구보다 관계와 소통을 중시한 학자로 알려져 있다. 흉금을 터놓고 남과 소통하려고 노력하는 것이 군자의 마음이요, 철학자의 마음이다. 장자는 또 "타인과 교류할 때 태도는 자연을 따르고 마음은 솔직해야 한다."고 했다. 태도가 자연을 따르면 관계가 굳건하고 마음이 솔직하면 수월하고 피곤하지 않다는 뜻이다. 이를 그는 화이부동(和而不同)의 소통이라 했다.

자기 본성을 지키며 사람과 소통하고 협력할 때 장사도 잘된다. 다만 자기 것을 반드시 지키겠다는 목적을 갖기보다 상대에게 이로움을 주겠다는 마음으로 편안하고 즐겁게 소통한다면 그 자체가 기쁨이고 보람이다. 생활 속에서나 거래 속에서나 올바른 소통과 나눔은 삶의 목적인 행복과 기쁨을 관통하게 되어 있다.

다시 말해 상생과 조화를 기본으로 하는 마음가짐은 군자의 마음이든 철학자의 마음이든, 나와 같이 속세에서 장사 일을 하는 장사꾼의 마음이든 삶의 목적인 행복을 관통한다는 점에서 모두 같은 마음이다. 그래서 나는 비록 생업을 위해 장사를 하고 있지만, 상생과 조화를 그르치는 거래를 하지 않고 '내 삶'을 즐기고 있기에 나는 '최고의 군자'이고 '최고의 철학자'라고 자부한다. 남이야 뭐라든….

진심과 인정은
어디에서나 통한다

거친 밥을 먹으며 물을 마시고, 팔을 괴어 베개로 삼아도,
또한 즐거움이 그 가운데 있으니 의롭지 않은 부귀는 뜬구름과 같다.
− 공자, 《논어》, 〈술이편〉

《논어》는 공자와 그 제자들의 대화를 엮은 책이다. 〈자한편〉에 나무에 대한 이야기가 실려 있다. '세한연후지송백지후조야(歲寒然後知松柏之後凋也)'라는 말이다. 역사학자 사마천도 그의 저서 《사기》에서 이 말을 인용했다.

"날씨가 추워진 뒤에야 소나무와 잣나무가 뒤늦게 시듦을 알 수 있다."

숲이 우거진 여름에는 소나무와 잣나무가 다른 꽃나무나 단풍나무와 구분되지 않는다. 그런데 매서운 바람이 몰아치는 겨울이 되면 그제야 소나무와 잣나무의 곧고 푸름이 드러나게 된다. 공자는 사람을 나무에 빗대어 표현하고 있다. 태평성대에는 사람의 진면목을 파악할 수 없으며, 위기와 고난이 찾아와 세상이 혼탁해졌을 때 비로소 사람의 됨됨이가 드러난다는 것이다.

가게를 처음 시작하고 2, 3년간 사건, 사고도 많았고 고비도 참 많았다. 그 고생담은 책 한 권으로 따로 엮어도 모자랄 정도다. 그 쓴맛나는 고비를 넘고, 또 넘고 보니 열매로 무르익었다. 수많은 어려움을 극복하고 지금의 자리까지 올 수 있었던 것은 지금도 내 곁에서 나를 도와주는 중국인 직원들 덕분이다.

"만 가지 복 중에 가장 중요한 복은 사람 복이다."라는 말이 있다. 그만큼 사람과의 만남은 삶에 중요한 영향을 끼친다. 특히 중국에서 하는 사업은 사람과의 만남이 그 성패의 첫 번째 갈림길이다. 그런 의미에서 누가 나에게 10년 동안 중국에서 얻은 가장 값진 자산 하나를 꼽으라고 한다면, 지금 나와 함께 일하는 '우리 직원들'이라고 말하겠다. 그들과 나는 라오펑요우(老朋友)가 되어 인생 성공으로 가는 길에 동반자가 되었다.

한국에서 하는 식당업과 달리 중국에서는 직원들에게 숙소를 제공해 줘야 한다. 가게를 오픈할 당시에 나는 돈이 부족하여 직원들

숙소를 따로 얻어줄 돈이 없었다. 내 숙소에서 직원들과 함께 숙식을 할 수밖에 없었다. 그런데 이 어려운 환경이 오히려 좋은 기회가 되었다. 공동생활이 직원들 마음을 하나로 만드는 좋은 기회가 되었기 때문이다. 전화위복의 계기가 된 것이다. 일과를 마치고 잠자리에 들기 전에 오늘 일한 매출을 알려주고, 내일 할 일과 목표를 함께 세워보기도 했다. 함께 세운 목표를 초과 달성한 날에는 직원들이 나보다 먼저 박수를 치며 더 좋아했다. 같이 의논하며 운영하는 모습이 중국 식당에서는 경험할 수 없는 교감이라고 말했다. 별 것 아닌 일에도 직원들은 나를 신뢰하고 좋아했다.

10년 전에 직원들과 대화를 하려면 손짓·발짓·몸짓을 총동원해야 했고, 두꺼운 중국어 사전이 있어야 가능했다. 일이 없는 한가한 시간이면 추운 겨울날에도 직원들은 전단지를 가지고 가게를 홍보하러 뛰어나갔다. 다른 식당에서는 시켜도 안 하는 일을 우리 직원들은 자발적으로 했다.

인허가 문제로 폐업 위기가 닥쳤을 때는 직원 모두가 공상국에 달려가 울면서 도와 달라고 매달려 위기를 넘긴 일도 있다. 요즘도 그 모습을 떠올리면 가슴이 뭉클해진다. 내 꿈과 내 형편을 솔직하게 이야기한 다음, 너희들도 나와 함께 반드시 성공할 수 있다고 했을 때 눈물을 글썽이는 순박한 직원들의 눈망울이 지금도 눈에 선하다. 언어가 달라도 진실한 마음은 세상 어느 나라 사람들과도 통한다는 말이 맞다.

식당에서 일하는 직원들은 중국에서도 생활환경이 가장 어려운 계층의 아이들, 농민공 집안 출신의 아이들이다. 이들은 어려운 환경에 적응하는 능력이 대단하고, 시골 출신이라 그런지 대부분 순박하다. 대파 한 뿌리와 간장만 있으면 밥 한 그릇을 뚝딱 비운다. 매서운 겨울 날씨에도 보일러도 난로도 없는 냉골에서 거뜬히 잘 지낸다.

40년 전에 시골에서 서울로 올라온 내 모습과 비슷한 점이 참으로 많았다. 순박한 그들에게 자식 같은 정이 생겼고, 그들 또한 나를 부모같이 생각하며 따랐다. 직원들과 좁은 공간에서 하는 생활은 불편했지만, 그들과 정을 쌓게 해준 그 공간에서의 생활을 지금도 감사하게 생각한다.

그 당시 함께 일했던 직원들 중에는 멀리 시집간 직원도 있다. 지금까지도 종종 안부 전화가 오거나, 자녀를 데리고 놀러 온다. 이런 정을 나누는 재미는 타국생활의 불편함을 잊게 하는 것 같다.

급변하는 중국, 지금이 기회다

작은 새가 어찌 큰 새의 뜻을 알리오.
— 사마천, 《사기》 중 진승의 말

미국과 일본을 제치고 중국이 한국의 최대 교역국이 된 지 오래다. 앞으로 그 규모와 비중은 점점 더 커질 수밖에 없다. 중국이 싫고 좋고의 문제가 아니다. 운명이다. 중국을 바르게 이해하고, 바르게 알아야 한다는 것은 선택이 아니라 필수가 되었다.

중국은 이미 세계의 공장에서 세계의 소비대국으로 변했다. 제주도와 명동에 밀려드는 중국인 관광객 수를 보라. 그 수가 늘어나는 속도만큼 중국은 지금 엄청난 속도로 성장하고 있다. 중국인 해외 관광객 수가 9,000만 명이나 되었고, 그들이 소비하는 관광 소비액은 전 세계 소비액의 24%나 차지하며 1위를 기록했다. 중·상류층이 두터워지고 삶의 질이 높아지면서 해외여행뿐만 아니라 자동차, 휴대폰, 가전 등은 물론 엔터테인먼트, 건강 등과 관련된 새로운 시장이 무서운 속도로 창출되고 있다. 이들은 가격보다 품질을 중요시하고, 웰빙을 중시하는 고품격 프리미엄 문화를 즐기고 싶어 하는 사람들이다.

불과 10년 전, 내가 처음 중국에 왔을 때는 애니콜 전화기 시대이고, 지금은 스마트폰 시대다. 당시만 해도 한국에서 대중화된 삼성 애니콜 핸드폰은 아주 부유층 아이들 중 몇 명이 들고 다녔다. 지금 중산층 젊은이는 대부분 갤럭시노트와 같은 최신형 스마트폰을 가지고 다닌다. 스마트폰이 나오기 전에는 중국에는 배달 문화와 전자상거래 문화가 거의 없었다. 지금은 배달 천국인 한국을 방불케 하고, 전자상거래도 순식간에 대중화되었다. 한국 젊은이들과 똑같이 SNS를 즐긴다. 당시 칭다오 거리에는 테이크아웃 커피점이 없었다. 지금은 헤아릴 수가 없을 정도로 많이 생겼다. 이어폰을 끼고 스마트폰에서 흐르는 음악을 들으며, 한 손에는 테이크아웃 커피컵을 들고 걸어 다니는 젊은이가 많다.

당시에는 한국 교민의 소비력이 중국 중산층의 소비력보다 높았지만 역전된 지 오래다. 하루가 멀다 하고 발 마사지를 받던 한국 교민은 지금 없다. 소비력이 상대적으로 떨어졌다는 말이다. 이미 변했고, 지금도 엄청난 속도로 변하고 있는데도 아직도 옛날 중국 이야기를 하는 사람이 많다. 안타깝다.

중국 정부는 12차 5개년 계획(2011~2015) 목표를 수출 주도 경제성장에서 한 발 물러나 내수서비스 산업 육성으로 선회했다. 중국은 13차 5개년 계획을 발표하며 앞으로 5년 내로 시골에 있는 인구 2억 5,000만 명을 도시로 이주시키는 정책을 진행 중이다. 도시 거주 인구 비율을 현재 53.7%에서 2020년까지 60% 이상으로 끌어올리겠다는 내용이다. 이를 위해 중국 정부는 매년 1조 위안(180조 원) 이상의 재원을 쏟아 붓고 있다.

세계 역사상 유래가 없는 최대 이주 계획이다. 이 거대한 도시화 정책으로 인하여 생산성이 비약적으로 증가하고, 그만큼 더 강력한 성장의 동력이 만들어졌다. 경제 규모와 소비력이 커지고, 중산층이 급속도로 늘어날 수밖에 없다. 중상층이 늘어난다는 것은 고급문화에 대한 욕구가 늘어난다는 뜻이고 당연히 한류 소비도 늘어날 것이다. 젊은이들은 유행에 민감해지면서 사회가 점차 역동적으로 변화할 것이다.

잠자던 거대한 중국은 지금 한국의 1970~80년대보다 더 빠른 속도로 변하고 있다. 한국과 일본의 고도 경제성장 기간은 30년 전후로 막을 내렸다. 중국은 이미 30년이 지났지만 전문가들은 향후 30년 더 지속될 것으로 전망한다. 2008년 베이징 올림픽 이후에는 각종 세금과 인건비가 올랐고 비자 문제까지 까다롭게 되었으며, 환율마저 급등하기 시작했다. 한국 돈 1만 원이 중국 돈 1백 위안 가까이 되었던 환율이 불과 1년도 안 되어 50위안 가까이로 급등하였다. 우리 가게만 보더라도 인건비와 임대료가 3배나 올랐다. 제조업 분야의 사업 환경이 2중, 3중으로 불리하게 되었다. 중국으로 인건비 차익을 바라보고 제조업으로 진출한 한국 기업들의 호황기가 순식간에 막을 내렸다. 상황이 급변하다 보니 사업 정리를 제대로 못한 기업은 야반도주까지 하는 불미스러운 사건들도 속출했다.

　물가와 환율이 급등하다 보니 한국 교민들의 생활비도 서울과 비슷해졌다. 교민들의 대이동이 시작되었다. 베트남이나 필리핀 등 다른 나라로 이동하거나 한국으로 돌아간 기업들도 상당하다. 당연히 교민들의 소비력도 함께 사라졌다. 밤마다 술을 마셔대던 교민들과 유학생들의 모습도 사라졌고, 골프와 주색잡기에 빠져 돌아다니는 교민들의 모습도 자취를 감췄다. 불과 몇 년 사이에 교민들의 소비력과 현지인들의 소비력이 역전되어 버렸다. 다행스러운 일 중 하나는 민망한 한류가 사라지고, 자랑스러운 한류가 되살아나기 시작한 일이다.

　칭다오에서는 이제 한국 교민들은 더 이상 부러움의 대상이 아니다. 오히려 무시나 당하지 않으면 다행인 형국이 되었다. 아직도 한국에서는 이 사실을 인정하지 않으며, 세월이 변한 줄 모르고 우월

감에 빠져 있는 한국인이 많다. 하루 종일 가게에 있어도 한국인을 한 사람도 구경하지 못할 때가 많다. 불과 몇 년 사이에 코리아타운 이라는 명성이 무색할 정도로 변해 버렸다. 400여 개가 있던 교민 운영 자영업종들도 거의 다 철수했다. 지금까지 남아 장사하는 사람 은 나를 포함해 손가락으로 꼽을 정도다.

그렇다면 이런 중국의 변화는 한국에 재앙인가? 축복인가? 어떻 게 할 것인가? 쳐다만 보고 있을 것인가? 이런 변화에 걸맞은 전략 은 있는가?

나는 가게에 앉아서 수시로 이런 질문을 던졌다. 그 답은 한류다. K-POP과 드라마로 시작되는 한류를 문화 사업으로 연결한다면 중 국의 변화는 우리에게 축복이 될 것이고, 그렇지 못한다면 중국의 변화는 우리에게 재앙이 될 수밖에 없다. 중국과 상생할 수 있는 산 업 분야는 제조업도 아니고, IT첨단 기술 분야도 아니다. 서비스 문 화 사업 분야뿐이라는 점을 주목해야 한다.

지금도 우리 정부는 K-POP이나 K-드라마만 한류로 생각하고 있 는 듯하다. 한류를 문화 사업으로 연결하는 방법을 모르고 있다. 다 름의 중국, 다양함의 중국, 변하는 중국을 모르고 있는 것 같다. 모르 니 계획도 전략도 없다. 안타깝기 짝이 없다. 지금이 적기다. 사업도 인생도 타이밍 싸움이다.

우리와 너무 다른
'차이'를 인정하라

운명의 신은 동물과 인간을 다르게 대우한다.
– 지셴린,《인생》

　'알리바바'라는 전자상거래를 통해 중국의 신흥재벌이 된 마윈(馬雲)은 중국인들은 물론 세계인들에게도 주목받고 있다. 그의 어록 중에서 '상장여전장(商場如戰場)'이라는 말이 나온다. "사업은 전쟁과 다름이 없다."는 뜻이다. 이외에도 "다행히 나는 태극을 배웠다.", "적이 위를 치면, 나는 아래를 공격한다." 이와 같은 어록을 보면 마윈이 범상치 않다는 것을 엿볼 수 있다. 마윈은 중국의 장구한 역사와 병법(兵法) 고전에서 뿜어져 나오는 전략과 전술이 몸에 배어 있는 사람이다. 마윈뿐만 아니다. 대다수 중국인은 생활 속에서 손자

150

병법을 기억하며 전략전술을 구사한다. 중국인들과 한국인들의 다른 점을 한마디로 표현해 놓은 말이 있다.

'불의(不義)를 못 참는 한국인 VS 불익(不益)을 못 참는 중국인'

한쪽은 이상적이고 감성적이다, 한쪽은 현실적이고 이성적이다. 한쪽은 감성적인 글, 한글을 사용하고, 한쪽은 이성적인 글, 한자를 사용한다. 말이 마음을 만들고, 마음이 말을 만든다. 중국인과 한국인이 다른 점은 이렇게 글과 말의 차이에서 시작된다.

중국에 오면 맨 먼저 드는 생각이 우리와 참 많이 다르다는 점이다. 달라도 너무 다르다. 예를 들어 아들보다 어린 젊은이가 담배 한 개비를 권하면서 한 개비는 자기 입으로 가져가 무는 모습을 볼 때 그렇다. 한국에서는 '틀리다'가 맞지만 중국에서는 '다르다'로 보는 것이 맞다. 그런데 일부 교민은 이를 '틀리다'라고 표현한다. 문화는 주관적이므로 다름의 대상이어야지 '맞다, 틀리다'라고 논할 일이 아니다. 중국에서 성공하고 싶다면, 가장 먼저 중국을 사랑해야 한다. 중국을 사랑하려면 '다르다'로 받아들여야 한다.

광활한 대륙과 14억 인구의 중국, 중국인과 한국인은 같은 동양인이어도 다른 점이 많다. 법과 제도는 물론 의식주 생활습관이나 사고방식까지도 상상 이상으로 다르다. 회사나 관공서에는 여자 직원 수와 남자 직원 수가 비슷하다. 버스나 대형차를 운전하는 여자도 많다. 전업주부가 없고 대부분 맞벌이를 한다. 집안일도 남자들이 더 많이 하는 것 같다.

중국어는 존댓말 구분이 거의 없다. 모르는 사람이나 나와 관련이 없는 일에는 놀라울 정도로 무관심하다. 이런 모습은 서구의 개인주의 문화 성향과 비슷한 모습이다. 평등을 강조하는 공산주의 조직 문화라서 그런지 몰라도 수직관계보다 수평관계가 자연스럽다. 직급이 높다고 복종과 순종을 강요해서는 안 된다. 금전관계, 근무시간, 근무 범위를 지키는 것은 상당히 엄격하고 예민하다.

중국에 있는 가게나 마트의 계산대 앞에서는 한국에서보다 시간이 좀 더 걸린다. 100위안이나 50위안짜리는 고개를 들어 불빛에 비춰보고, 문질러보고, 긁어도 본 다음에 받는다. 아니면 지폐 감별기계에라도 넣어봐야 된다. 돈을 내는 사람이 누구이건 이 확인 절차는 반드시 거쳐야 한다.

나는 10년 동안 가게 일을 해오고 있지만 아직도 돈을 확인하는 절차에는 익숙하지 않다. 손님 면전에다 대고 "당신을 의심하니 확인을 해야겠습니다."라고 말하는 것 같아서 확인 절차를 무시해 버리는 경우가 많다. 그래서 가짜 돈을 받는 경우가 종종 있다. 10년 전에 비하면 가짜 돈을 받는 경우가 많이 줄었다. 내 감별 능력도 향상됐지만, 그만큼 중국의 발전과 반비례로 나타나는 현상 같기도 하다.

중국에 있는 모든 가게는 물론 노점상까지도 저울이 필수품이다. 한국에서는 한 무더기에 얼마, 몇 개에 얼마로 정해지지만 여기에서는 과일을 사고팔 때도, 군고구마를 사고팔 때도 개수는 중요하지 않다. 저울에 달아서 무게로 서로 확인해야 한다. 서로가 조금이라도 손해를 보는 일을 용납하지 않는다. 부모자식 간 아니면 덤은 기대하지 말아야 한다.

우리 가게 옆 큰 식당에서는 매일 아침마다 식자재를 납품받는다. 창고 입구에서 직원 한 명이 품목 하나하나를 저울에 달아보고 품질까지 확인하고 입고를 한다. 그 납품업자는 10년 단골 업자인데도 말이다. 한국에서는 볼 수 없는 풍경이다. 내가 시장에 가서 직접 장을 볼 때는 아무리 노력을 해도 직원들이 갈 때보다 10~20%는 더 비싸게 주고 사오게 된다. 가격도 품질도 꼼꼼하게 검수를 못하는 경우도 있지만, 한국인이라는 것이 표시가 나기 때문에 상인들의 상술에 당하질 못한다. 어느 정도는 각오를 하고 장을 보는 것이 마음이 편하다.

한국 시장에서는 바가지를 씌우는 사람이 나쁜 사람이지만, 중국에서는 바가지를 잘 씌우는 사람이 능력 있는 상인이라 부러움의 대상이 된다. 중국 시장에서는 불의(不義)의 기준이 한국과는 다르다는 걸 알아야 열을 덜 받는다. 중국 생활에서는 누구에게도 손해를 끼치는 일이 없도록 주의해야 하고, 또한 누구에게도 손해를 보지 않도록 스스로 주의해야 한다.

얼마 전에 박근혜 대통령이 70주년 전승기념일에 참석했을 때다.

시진핑 주석이 박근혜 대통령을 보고 '라오펑요우(老朋友, 오랜 친구)'라고 표현했다. 중국인과 라오펑요우가 되기란 쉽지 않다. 오랜 시간을 거쳐 수많은 검증을 거친 다음에야 라오펑요우가 된다. 중국에서는 친구도 급수가 있고, 구분도 명확하다. 100위안짜리 돈도 확인 과정을 2~3번 거쳐야 금고 안으로 들어가게 되는데, 친구가 되는 절차는 오죽하겠는가. 확인 절차를 통과하여 라오펑요우가 된 다음에는 서로 간에 최선을 다해 도와주는 큰 후원자가 된다. 그래서 중국인들조차도 객지에서 성공하려면 어려움을 감수해야 한다. 타지 사람들에게 냉정하게 대하는 것은 당연한 일이고, 정가가 없는 상거래에서는 바가지를 당하는 일이 비일비재하다. 중국에 사는 타지 사람들도 이렇게 어려움을 겪는데 하물며 바다 건너서 온 한국인들이 차별 대우를 받는 것은 어쩌면 당연한 일이다.

한국에서는 외국 사람들이 교통을 위반했을 때 정상 참작이 가능한 경우가 많으나 중국에서는 어림도 없는 소리다. 오히려 더 엄격하게 법의 적용을 받는다. 또 한국에서는 하룻밤 잠을 같이 자거나 술을 진하게 마시고, 목욕을 같이 하면 친구가 되는 경우가 많다. 이런 습관으로 처신을 하다가는 큰 낭패를 본다. 중국에서는 '하나를 보면 그 하나만 알 뿐이다'고 하지만 한국인들은 '하나를 보면 열을 안다'고 하며 덥석 믿는다.

중국에서 사업 실패를 하고 돌아가면서 하는 공통된 말이 있다.

교민들에게 당했다, 조선족에게 당했다, 아니면 한족에게 당했다고 한다. 틀린 말이다. 생활 속에서도 전략전술을 구사하는 중국인과 중국 문화를 몰랐던 '자신의 과오'라고 해야 맞는 말이다.

한국인들은 만나자마자 정을 나누려 하고, 믿으려고 애를 쓴다. 중국 상인들에게는 한국인이 요즘 말로 '호갱'의 대상으로 삼기 안성맞춤이다. 중국인들은 탐색을 하고 먼저 의심부터 하며 검증을 시작한다. 상대가 누군가에 따라서 이해득실을 따지는 전략전술도 달라진다. 특히 돈에 민감하며 무엇이든지 조금이라도 손해 보는 것을 싫어하고 정확한 것을 좋아한다. 대륙에서 살아남으려면 이들의 처세가 최선의 방편이고, 최선의 자세라는 것을 먼저 이해해야 한다. 절대로 불평불만을 터뜨릴 일이 아니며 그들의 언행에 '옳다, 그르다'라고 평가할 일도 아니다.

대륙의 크기가 다르고, 역사가 다르고, 문화가 다르기 때문에 사람을 대하는 자세도 우리와는 이렇게 다르다. 특히 사업을 하러 중국에 진출할 생각이라면 우리와 다른 생활습관이나 문화에 대하여 오히려 감사해야 한다. 장사나 사업은 서로 간에 다름의 차이를 나누는 행위다. 다름의 차이가 클수록 사업의 기회도 많기 마련이다.

누구를 만나건
만만히 보지 말라

덕은 외롭지 않다. 반드시 이웃이 있다.
– 공자, 《논어》, 〈팔일편〉

　　성공회대 신영복 교수는 "역사는 과거의 일을 현대에 빗대어 맞추어 보고 재해석해서 미래에 대한 안내 길을 끌어내는 것"이라고 했다. 영국의 역사학자 에드워드 헬릿 카(E. H. Carr)는 역사를 "현재와 과거와의 끊임없는 대화"라고 말했다. 한 나라의 과거, 현재, 미래를 알려면 그 나라의 역사를 살펴보는 것이 가장 현명하다. 회사도 마찬가지다. 회사에서 사원모집을 할 때 가장 먼저 살펴보는 서류는 지원자의 이력서다. 그 사람의 과거를 보고 현재와 미래를 가늠해 보겠다는 말이다.

해외에서 사업을 시작할 때도 그 나라 사람과 문화를 알아야 한다. 그러려면 그 나라의 역사를 살펴보는 것이 가장 빠르다. 중국의 문화와 중국인의 생활습관이 나오게 된 배경에는 중국의 역사가 있다. 중국인들을 이해하고 중국에서 작은 가게라도 하나 열어 성공하려면 반드시 중국인과 중국 문화를 알고 이해해야 한다. 설혹 실패하더라도 실패 원인을 이해하면 재도전의 기회가 있다.

중국 역사의 시작은 삼황(三皇) 오제(伍帝) 신화로 시작한다. 8명의 제왕 중에는 우리에게 태평성대로 알려진 요(堯) 임금, 순(舜) 임금도 있다. 기원전 2070년경에 우(禹) 임금의 아들이 하(夏) 왕조를 건립한 것이 471년 동안 이어졌고, 하 왕조는 상(商)나라의 탕왕에게 멸망한다. 상나라는 은(殷)나라로 개명하였고, 고대 국가로서 전성기 시대를 열었다. 은나라는 약 500년간 통치를 하다가 주(周)나라 무왕(武王)에게 멸망한다.

주나라 시대부터 고대 부족국가 시대를 마감하고, 왕조 세습 국가가 만들어지면서 태평성대 시대가 마감된다. 기원전 1066년, 주나라 때부터 권력 계급의 피라미드 문화가 형성되면서 내란과 전쟁의 역사가 시작된다. 최고 권력은 하나이지만 그 권력을 원하는 사람은 많기 때문이다.

주나라는 서주(西周)시대(기원전 1066~771년)와 동주(東周)시대(기원전 770~221년)로 구분되고, 동주시대로 접어들면서 왕실의 권력이

157

쇠약해지고 제후들이 실권을 좌지우지하게 되었다. 이때부터 각 지방 제후들이 보다 큰 권력을 차지하기 위한 치열한 전쟁이 550년간이나 이어지는데, 이 전쟁의 역사가 그 유명한 춘추전국시대(기원전 770~221년)다. 그 결과 마침내 진(秦)나라가 천하를 통일(기원전 221년)하여 그 유명한 진시황제가 등장한다.

춘추전국시대에 주목할 일은 역사상 가장 난세(亂世)였던 시기에 동양문화의 정수(精髓), 중국의 제자백가(諸子百家) 사상가들이 출현한 일이다. 유가(儒家), 도가(道家), 법가(法家), 병가(兵家), 묵가(墨家), 잡가(雜家), 명가(名家), 농가(農家), 종횡가(縱橫家) 등이 그들이다. 지금으로부터 2,500년 전에 출현한 이 사상들이 중화의 자존심이 되었고, 오늘날까지 중국의 역사를 이어오게 한 원동력이 되었다. 이후에도 2,200년 동안 대륙에서는 수많은 왕조가 흥망을 거듭하며 분열과 통합을 거듭했다.

그런데 이 수많은 왕조가 망하는 데는 공통점이 하나 있다. 권력을 가진 자들의 부패다. 세상은 어지러워지고 반드시 외세의 침입이나 내란이 일어난다. 젊은이들은 전쟁터로 내몰리고, 노약자들은 수탈을 당한다. 왕조의 흥망이 거듭될 때마다 선량한 백성이 겪는 고초는 극에 다다른다. 그 고초는 무려 3천 년간이나 계속되었다.

대륙의 백성은 수많은 난세에 살아남기 위해서는 반드시 처세술의 지혜가 필요했다. 그 처세술의 지혜가 오늘날 중국인들의 생활습관 속에 녹아 있다. 중국인들은 어려서부터 유가사상도 배우고, 병가사상도 함께 배운다. 한국인들은 "착한 어린이가 되어야 한다."라는 말만 듣고 자란다. 한국인들은 장사를 할 때도 그냥 열심히 하고, 그냥 착하기만 할 뿐 전략과 전술이 없는 경우가 많다. 중국에서 사업을 하다가 실패하는 한국인이 속출한다. 중국 상인들은 장사는 전쟁과 같다는 '상장여전장(商場如戰場)'이라는 말을 염두에 둔다. 이 말은 그냥 열심히 한다는 말이 아니라 전략전술을 구사하며 열심히 한다는 말이다.

유가에서는 공자와 맹자가 인간의 기본 도리를 가르치고, 성인군자가 되어야 한다고 가르치는 사서삼경(四書三經)이 있다. 병가에서는 손무와 오기, 강태공과 황석공 등이 저술한 전쟁에서 이기는 방법과 살아 남는 방법을 가르치는 무경십서(武經十書, 손자병법, 오자병법, 사마법, 울료자, 당리문대, 육도, 삼략, 손빈병법, 장원, 삼십육계)가 있다.

1644년 명나라 말기에 문인 홍자성이 쓴 《채근담》 129편에 이런 글이 있다.

害人之心不可有, 防人之心不可無, 此戒疎於慮也(해인지심불가유, 방인지심불가무, 차계소어려야)

寧受人之欺, 無逆人之詐, 此警傷於察也(영수인지기, 무역인지사, 차경상어찰야)

二語並存 精明而渾厚矣(이어병존, 정명이혼후의)

남을 해치려는 마음이 있어서는 안 될 것이며, 남으로부터 피해를 방어하는 마음이 없어도 안 된다. 이런 생각이 소홀해지는 것을 경계하라는 말이다. 남의 속임을 받을지언정 남이 속일 것을 거슬러 생각지 말라. 이런 생각을 지나치게 해서 해를 당할 수 있으니 경계하라는 말이다. 이 두 가지 말을 치우침이 없이 함께 지니면, 생각이 밝아지고 덕이 두터워지리라는 것이다.

이 말을 한 문장으로 줄인다면 "남을 해치지 말고, 남을 의심하는 경계도 게을리하지 말라."이다. 중국인들이 삶을 대하는 기본 마음가짐을 한마디로 잘 표현해 놓은 글이다. 이런 글이 나오기까지는 두 가지 배경이 작용했다고 생각한다. 첫째는 땅이 넓고 사람이 많아 별난 사람도 다 있으니 주의하라는 말이고, 둘째는 수많은 전쟁과 고난의 역사가 말해주듯이 대륙에는 별일이 많으니 주의하라는 말이다. 험난한 세상에서 살아남기 위해서는 가장 합당한 처세술의 지혜가 아닐 수가 없다. 대륙에서는 경계와 의심의 끈을 놓고 살다가는 무슨 일이 벌어질지 모른다.

한국에서 경험이 20년, 30년 된 외식전문가들도 고배를 마신 경우를 많이 봤다. 외식 사업에 경험이 없는 내가, 중국에서 작은 음식점을 10년간 무사히 운영할 수 있었던 것은 광고 마케팅을 공부한 덕분이다. 광고 마케팅 분야에는 '전략과 전술'이라는 단어가 많다. 중국인 못지않게 나도 전략과 전술을 늘 생각하며 열심히 했기에 살아남을 수 있었다.

현대 비즈니스에는 어느 분야든지 전쟁 같은 치열한 경쟁을 피할 수 없기 때문에 전략전술 용어가 많이 나온다. 한국에서도 마찬가지지만 특히 냉혹한 이국땅인 중국에서 사업으로 성공하려면 그냥 열심히 한다고 되는 것이 아니다. 중국 문화와 중국인들의 생활습관을 이해해야 하고, 중국 특유의 상권을 파악해야 하고, 그 상권에 합당한 주 고객을 정해야 하고, 주 고객에 알맞은 마케팅 4P 전략이 수립된 다음에 전술을 펼쳐야 성공이라는 답이 나온다.

전략과 전술은 전쟁 용어다. 전쟁에서는 승자만이 살아남는다. 전쟁에서 패하여 죽은 다음에 인의예지를 따지는 공자님 말씀은 의미가 없다. 어떤 변명도 필요가 없다. 전쟁에서 이기려면 계략과 책략에 능한 장군이 있어야 한다. 속임수와 비겁함도 전쟁에서는 선(善)이고 능력이다. 전쟁을 치르면서 병사들에게 공자, 맹자 말씀을 이야기하면 자살행위나 마찬가지다. 중국 역사를 보면 난세가 7이라면 태평성대는 3도 안 된다. 난세에 살아남는 데 병가의 가르침이 더 요긴한 것은 당연한 일일는지 모른다. 그래서 지금의 중국인들은 유교의 가르침보다 병법의 가르침에 더 집중하는 듯하다.

다시 말해 중국인들은 비즈니스도, 생활에서도 전략과 전술을 구사할 줄 안다. 삼국지에 나오는 수많은 사자성어는 물론 그 말에 얽힌 고사까지 다 기억하고 있다. 그 기억이 바탕이 되어 생활자세가 나온다. 우리나라 사람들에게 사자성어는 지식인들의 전유물이지만, 중국에서는 가방끈이 짧아도 줄줄 외운다는 것을 명심해야 한다. 두보, 이백, 도연명의 시 몇 구절 외우고, 삼국지 몇 번 읽었다고 아는 척하다가는 큰코다친다.

미야자키 마사히로가 저술한 《유태인 상술, 화교 상술》이라는 책이 있다. 21세기 글로벌 시대의 세계경제는 유대인과 중국인의 손에 의해 움직이고 있는데, 그들의 비결을 엿보는 책이다. 두 민족의 탁월한 상술은 우연히 생겨난 것이 아니다. 장구한 난세를 경험한 두 민족의 역사적 배경에서 나온다는 내용이 있다. 맞는 말이다. 중국인들에게는 장구한 대륙의 역사와 합리적이고 이성적인 문자인 '한자'가 어우러져서 '전략전술에 능한 DNA'가 몸에 배어 있다.

현대 사회는 모두가 장사로 연결되어 있어서 장사를 떠난 생활은 불가능하다. 중국인들은 생활 속에서도 전략전술을 구사할 줄 아는 것 같다. 중국인들의 머릿속에는 공자, 맹자의 사서삼경은 몰라도 최소한 무경십서(武經十書) 중에서 손자, 오자병법서 같은 책 한두 권 정도는 줄줄 외울 정도로 들어 있다. 중국인 누구를 만나도 절대로 만만하게 볼 일이 아니라는 것을 명심하고 사업에 임해야 한다. 손님은 물론 직원들을 대할 때도, 거리의 행인들까지도 절대로 우습게 보지 마라. 그들은 대륙생활에서 탁월한 전략전술을 구사하며 자기 삶을 즐기는 달인들이다.

CHAPTER 5

을의 생존법,
한류에 답 있다

꿈보다
생존이 먼저다

만족하고 물러설 줄 알면 치욕을 당하지 않고,
멈출 줄 알면 위태롭지 않고 오래 지탱할 수 있다.
– 노자

"천직을 찾을 때 가장 중요하게 생각하는 것은 무엇입니까?"

"돈을 위한 일을 찾지 말라. 세상이 어려울수록 자신이 좋아하는 일, 자신을 행복하게 하는 일을 찾아야 한다."

자기계발서에 흔히 등장하는 말이다. 이 말은 틀리지 않다. 다만, 요즘 대학생이나 직장인 입장에서는 고개를 갸우뚱거릴 수밖에 없다. 한국에서의 삶은 생존을 위한 분투 그 자체다. 먹고살기도 힘든 판에 꿈이나 행복 따위가 귀에 들어올 리가 없다.

현대그룹 창업자 정주영 회장을 예로 들어보자. 그는 나이 19세에

167

무작정 서울로 올라왔다. 아버지 몰래 소 판 돈을 가지고 집을 나왔으니 정확하게는 무단가출이다. 스펙이라고는 건장한 신체뿐이었던 그는 1934년 쌀가게에 가서 첫 직장을 얻는다. 정주영 청년이 일하는 모습은 남달랐다. 힘도 세고, 자전거도 잘 타고, 우직하고 성실하게 일하는 모습으로 사장에게 신뢰를 받는다. 3년이 지났을 무렵, 사장은 가게를 넘겨야 하는 사정이 생겼다. 그동안 청년이 일하는 모습을 지켜봤던 사장은 청년에게 가게를 인수하라고 권한다. 청년은 취직 3년 만에 '경일 상회'라는 간판을 달고 첫 번째 사업의 길로 들어선다.

그런데 정주영 회장은 과연 쌀장수 일이 자신을 행복하게 해주는 일이라고 생각해서 쌀가게의 문을 두드렸을까? 아마도 밥을 굶지 않기 위해서였을 것이다. '나만의 천직'을 찾아 나설 때, 처음부터 천직을 만나기란 쉽지가 않다.

청년이 되면 어린 시절의 꿈이 바뀌듯이, 천직도 보고 듣고 깨달을 때마다 변할 수도 발전할 수도 있다. 주어진 환경과 욕구의 변화에 따라 꿈도 천직도 변할 수 있다. 그래서 나는 돈을 벌기 위한 일자리, 행복을 챙기기 위한 일자리를 논하기 전에 발등의 불을 끄는 일부터 하라고 권하고 싶다. 발등의 불은 생존이다. 자급자족이 안되면 누군가에게 의지해야 한다. 의지하는 순간부터 내 삶은 비참해지기 때문이다.

사람은 기다가 걷고, 걷다가 뛴다. 단계와 순서가 있다는 말이다. 사람은 주어진 환경과 능력에 따라 욕구의 단계가 다르다고 설파한 미국의 심리학자 매슬로(Abraham H. Maslow)의 인간의 단계별 욕구, 5단계를 한 번 살펴보자.

1단계 생리 욕구 - 식욕·성욕·수면 욕구 등
2단계 안전 욕구 - 생존의 안전 욕구
3단계 사회 귀속 욕구 - 소속감과 사랑에 대한 욕구
4단계 자존심의 욕구 - 명예욕 등 타인의 인정을 받으려는 욕구
5단계 자기 실현의 욕구 - 최고의 인간 존재가 되고 싶다는 욕구

당장 1단계인 생리 욕구가 해결되지 않은 사람에게 5단계 욕구인 최고의 인간 존재(지복의 단계)가 되어야 한다고 가르치는 것은 연목구어(緣木求魚)나 다름없다. 자급자족이 먼저다. 먹고사는 문제를 해결하다 보면 다음 단계인 꿈과 행복도 만들어지는 법이다. 청년들에게 현대그룹 회장과 같은 사람이 되라고 하지 말고, 쌀가게에서 일하는 젊은 정주영이가 되어보라고 해야 한다. 쌀가게 경영원리에는 현대그룹 경영원리가 숨어 있기 때문이다.

생존 문제는 대기업에서 해결해주지 않는다. 이 시대의 청년들은 너도 나도 대기업을 짝사랑하는데, 그 앞은 빨간 신호등이다. 왜냐

하면 시대가 변했기 때문이다. 대졸자 대기업 평균근속 연수가 10년 미만이라고 하고, 정년까지 완주하는 사람은 1%도 안 된다. 시대는 이미 100세 시대인데 40대 중반에는 또 다른 대책이 있어야 한다는 이야기다. 이 말은 학사 출신으로 입사하는 일반 직원들은 대기업과 평생을 함께 가는 동반자가 아니라는 말이다.

고작 10년 남짓을 위해 금쪽같은 청춘을 다 바친다는 것은 너무 아깝지 않은가? 특히 대학생들은 대기업에 들어가기 위해 시간과 에너지를 너무 쏟는다. 스펙 쌓는 공부와 어학연수에 부모의 허리가 휜다. 그 시간에 차라리 배낭여행을 하는 쪽이 낫다. 획일적인 평가 잣대에 괴로워하지 말고, 여행으로 지구촌에 대한 두려움을 없애고 자신감을 스펙으로 쌓아야 한다. 운이 좋으면 멘토도 만나고 원대한 꿈도 찾을 수 있다.

부디 지식 공부에 시간을 낭비하지 마라. 지식은 스마트폰 안에 다 들어 있다. 그보다는 넓은 세상을 품어야 한다. 눈으로 보고 직접 체험하면 깨달음과 자신감을 얻을 수 있다. 사회에서 필요로 하는 인재는 바른 가치관을 가진 자신감이 있는 사람이다. 스펙 많이 쌓은 학생보다 실전 경험을 갖춘 학생을 필요로 한다. 더 이상 스펙 쌓기로 젊음을 혹사하지 마라. 학생들이 4~5년간 밤잠 안 자고 쌓은 스펙의 99%는 사회에 나오자마자 쓰레기가 된다.

대기업보다는 오히려 중소기업이 낫다. 탄탄한 기술력이 뒷받침

되는 건실한 중소기업이 더 나은 선택일 수 있다. 특히 아주 작은 소기업이나 가게 일이 유리한 경우도 많다. 소기업의 똑똑한 사장으로부터 인생의 풍부한 경험과 지식, 기술을 전수받을 수 있기 때문이다. 인생을 디자인할 때도 시대가 변했기 때문에 시대에 맞는 전략이 필요하다.

같은 맥락으로 해외에 있는 작은 기업, 작은 가게를 적극 권장하고 싶다. 해외에서 작은 가게 하나를 성공하고 보니 큰 보람은 물론 큰 꿈과 큰 행복을 만나게 되었다. 또 그 어떤 갑들의 횡포 앞에서도 당당해졌다.

나는 대학생들에게 토익 공부하고 스펙 쌓을 시간에 우리 가게와 같은 곳에서 3년만 일하라고 말하고 싶다. 장사 노하우를 모두 터득할 수 있다. 장담컨대 3년이면 대기업 과장 연봉은 벌 수 있다. 그뿐만 아니다. 명퇴 걱정, 정년 걱정도 없다. 돈도 많이 벌고, 재미도 있고, 보람도 있는 일이 중국에는 수두룩하다.

식당 일이 마음에 안 들면 근처 한국인이 운영하는 옷 가게도 있고 헤어숍도 있다. 이들이 이국땅에서 살아가는 모습을 보고 노하우를 배워라. 분명히 삶이 달라질 것이다. 분명 쉽지 않은 일이다. 용기와 도전정신이 없으면 불가능하다. 이런 사람에게 현대그룹 창업자 정주영 회장의 유명한 어록을 들려주고 싶다.

"해보기나 했어?"

정 회장은 도전해보지 않고 쉽게 포기하는 이들에게 이렇게 질타했다. 사업 성공과 인생 성공의 비결을 가르치는 죽비 같은 말이 아닐 수 없다.

국내에서
죽느니 떠나라

나뭇잎이 무성한 가지가 없으면
태양을 탓하기 전에 자기 자신을 꾸짖어라.
– 중국 격언

〈대졸자 등 연 48만 쏟아지는데 …… 취업 재수생 47만 대기〉

〈청년 실업 100만 시대…갈수록 악화〉

〈비정규직 600만 + 비공식 통계 400만 = 1000만 명 비정규직 시대〉

〈여성인력 80% 비정규직…….평균급여 113만원〉

〈비정규직으로 시작하는 청년들이 점점 늘어나고, 이들 중에 정규

직으로 전환은 하늘에 별 따기〉

〈2013년, 한 해 동안 자영업 58만 개 업소 개업, 66만 개 업소 퇴출〉

〈600만 자영업자 중 50%가 월100만 원 미만 수입〉

서민 경제 관련 뉴스의 헤드라인들이다. 나아지기는커녕 점점 더 심해진다는 점이 암울하다. 큰일 났다고 소리를 지르는 사람은 많은데, 해결 대안을 제대로 제시하는 지도자나 지식인은 찾아볼 수가 없다. 자영업은 특히 더 그렇다. 창업 컨설턴트들은 말한다.

"준비된 창업자만이 살아남는다."

그들은 1~2년 동안 업종을 신중하게 선정하고, 시장조사와 상권분석을 철저히 준비하고 난 다음에 창업하라고 조언한다. 맞는 말인 것 같은데, 과연 그렇게 하면 될까?

어느 트렌드 전문 유명 교수는 청년들은 창업에 도전해야 하고, 그들이 실패를 두려워하지 않게 사회 안전망을 구축해야 한다고 말한다. 맞는 말인 것 같은데, 그 안전망은 누가 어떻게 만들까?

정치인들은 입만 열면 서민 경제를 위한다고 하지만 오직 선거만 위하는 모습이다. 경제 분석 전문가들은 서민들의 가계부채가 심각하다고 떠든다. 정부에서 창조경제로 이 난국을 해결해보겠다고 한 지가 2년이 다 돼 가는데, 서민들의 살림살이는 나아지고 있는가?

시대가 디지털 스마트폰 시대로 되고 보니 빈익빈 부익부 양극화 현상이 가속화되고 있다. 시장은 좁아져서 대기업들이 나누어 먹기에도 부족한 상황이 돼버렸다. 대기업들 간 경쟁에 서민들 경제가 고래 싸움에 새우등 터지는 형국이 되고 있다. 사회적·경제적 약자인 서민들 살림살이가 점점 더 나빠지는 원인을 살펴보자.

전국 어느 동네든 골목마다 볼 수 있는 편의점 이야기다. BIG 4업체(CU, GS25, 세븐일레븐, 미니스톱)가 약 26,000개 점포를 운영하고 있다. 적은 숫자가 아니다. 인구 대비 편의점 숫자가 세계 최고란다. 기존 BIG 4 대기업 간에 영토 확장 싸움도 치열했다는데 대기업 두 군데가 또 뛰어들었다. 신세계 위드미와 홈플러스 365 브랜드다. 유통업계 판도가 대형 할인마트 시대에서 편의점 시대로 이동하는 것 같다.

여기서 주목해야 할 문제는 편의점 문제가 아니라 99% 대열로 몰리고 있는 서민 경제다. '나홀로족', '5포세대', '88만 원 세대' 등이 늘어나면서 편의점은 호황을 누렸다. 편의점이 늘어나면서 나홀로족 수는 다시금 늘어나는 형국이다.

최근에는 PB상품(유통회사가 만든 자체 브랜드) 전성시대라고 할 정도로 편의점 회사마다 PB상품들을 쏟아내고 있다. 어느 편의점 회사에서는 PB 과자와 김밥용 PB제품을 수출까지 한다고 한다. PB상품은 마케팅 비용과 유통비용이 절감되기 때문에 가격도 싸고, 질도 좋다.

소비자 입장에서는 더없이 좋겠지만 문제는 다음이다. 화려한 PB상품 뒤에는 하청업체로 전락한 제조업체들의 눈물이 숨어 있다. 대량 주문의 대가로 제조업은 선택권이 없는 '을'이 될 수밖에 없다. 최저 가격을 제시하지 못하면 공장 가동이 중단된다. 최저 가격을 받아 쥔 제조업 사장은 직원들에게 최저 임금을 줄 수밖에 없다. 이들 제조업 직원들은 결국 3포, 5포라는 멍에를 벗어날 수가 없다.

편의점 상품 진열대에는 값싸고 질 좋은 한 끼 식사용 PB상품들이 점점 많아지고 있다. 나홀로족을 위해 나온 고마운 제품이 많다. 도시락, 김밥, 토스트, 떡볶이, 라면, 과자 등이다. 심지어 편의점에서 치킨까지 판다고 한다. 한 끼 식사는 물론이고 간식까지 해결할 수 있고, 웬만한 생활용품 구매까지 가능하다. 주머니 사정이 열악한 나홀로족에게는 이름 그대로 편리한 가게가 맞다. 그런데 이들이 한 끼 식사를 편의점에서 즐기는 사이에 골목 안에 있는 작은 음식점 주인들은 울고 있다. 작은 가게 주인들은 동네에 있는 동종 업종과 경쟁하는 것이 아니라, 거대한 재벌급 대기업 브랜드와 경쟁해야 하는 시대가 됐다. 이들 대기업들은 자본력과 조직력을 앞세워 빅 데이터 정보까지 분석하는 마케팅 전문가 팀(인터넷과 스마트폰으로 흘러 다니는 하루 수십억 건의 정보를 수집, 분석, 활용하는 전문가)을 비롯해 상품 기획팀, 광고 기획팀 등이 갖추어져 있다. 고래와 새우가 경쟁하는 형국이라 결과는 뻔할 수밖에 없다.

예전에는 고래가 고래밥만 먹어도 배불리 먹고 살았다. 지금은 고래들의 덩치가 커지고 개체 수도 많아져 먹잇감이 부족하다. 그뿐만 아니라 요즘 고래들의 특징은 먹어도 먹어도 허기 해갈이 안 된다. 그래서 지금의 고래 떼는 새우들이 먹고 사는 새우밥까지 먹어 치우는 형국이 됐다.

편의점이 늘어나면 당연히 가맹점도 늘어난다. 이들 역시 '을'이다. 가맹점 점주들은 대체로 규정상 수익금 30~35%를 편의점 본사에 지불해야 한다. 그들은 자금과 노동을 투자하여 임대료와 운영 경비를 부담해야 하고, 실패 위험 부담까지 고스란히 안고 시작한다. 가맹점이 본사가 가져가는 수익만큼 챙겨 가려면 쉬운 일이 아니다. 반대로 본사는 점포가 늘어나는 만큼 수익이 늘어나는 구조다.

편의점뿐만 아니라 대부분 프랜차이즈형 사업에서 본사와 가맹점의 관계는 이와 비슷한 갑과 을의 관계다. 힘센 자본권력 앞에서 가맹점의 계약조건 선택권이 불리할 수밖에 없다. 서울시는 2014년에 7개 업종 소규모 사업장 근로자 2,697명을 조사한 결과, 편의점 근로자 8%, 미용실 근로자 6%가 최저 임금보다 적게 받았다고 발표했다. 이는 편의점 가맹점의 수익 구조가 그만큼 열악하다는 이야기도된다. 어려움을 겪고 있는 업소는 비단 음식점뿐만이 아니다. 치킨, 피자, 빵, 떡볶이, 커피 등 동네 가게들은 업종마다 대형 프랜차이즈 업소들과 힘겨운 경쟁을 해야 한다. 경쟁이 싫으면 편의점과 같은 가맹점으로 간판을 바꿔 달고 을의 신세가 되어야 한다.

을의 신세가 되기 싫어 내 간판을 고집한다면 가장 먼저 광고 경쟁에서 밀린다. 이들 영세업자에게 유일한 광고 방법은 발품을 팔아가며 하는 전단 광고다. 그런데 환경문제와 범죄문제로 전단 광고를 못하게 하는 곳이 점점 많아지고 있다. TV광고를 해대는 대형 프랜차이즈 점포와의 경쟁은 광고에서부터 이길 수 없는 게임이다.

광고뿐만 아니라 막강한 자본력을 바탕으로 조직력, 기술력, 마케팅 전략에서 개인 업소들은 경쟁 상대가 안 된다. 그래서 많은 영세 창업자들은 불리한 계약조건을 감수하더라도 을의 입장(가맹점)으로 들어갈 수밖에 없는 현실이다. 재벌급 대기업의 후광을 업고 들어온 편의점뿐만 아니라 골목 안에는 각 분야 헤비급 프랜차이즈 대기업들이 즐비하게 들어와 있다.

이 시대의 약자인 을을 생각하면, 주인이 주는 밥만 겨우 얻어먹고 열심히 재주를 부리는 곰이 떠오르는데 비단 나만의 생각일까? 약육강식 법칙만 적용되는 정글 같은 세상에서 냉혹한 포식자인 갑에게 놀림감이 되지 않고, 먹잇감이 되지 않을 방법은 정말 없는가?

고래들을 원망하자는 이야기가 아니다. 무한경쟁이라는 시장경제 제도 아래에서는 모두가 합법이기 때문이다. 허기진 고래들에게 새우 형편을 봐 달라고 부탁한들 들어줄 리도 만무하다. 시험 기술자 출신인 고관대작에게 부탁한들 자신들 밥그릇 챙기기에도 바쁜 분들이라 들어줄 리도 만무하다.

노력으로 극복이 안 될 때 방법은 하나다. 새우들이 떠나야 한다. 청년 새우도, 자영업 새우도, 비정규직 새우도 고래들이 없는 세상으로 떠나야 한다. 해외로 말이다. 떠나기 두려운가? 고래 싸움에 등

터져 죽으나, 나가 죽으나, 죽는 건 마찬가지 아닌가? 한국에서 답을
못 찾은 나는 중국에서 죽을 작정을 하고 건너왔다. 그리고 살아남
았다.

장사꾼,
우습게 보지 마라

사치스러운 사람은 아무리 재물이 많아도 결코 만족할 줄 모른다.
가난해도 편안하고 여유로운 사람이 더 낫다.
어설퍼도 마음 편하게 자신에게 주어진 본연의 삶을 사는 것이 더 낫다.
– 홍자성, 《채근담》

　과거는 사농공상(士農工商) 시대였다. 그러나 요즘은 상공농사(商工農士) 시대다. 사농공상을 사전에서 찾아보면 "고려와 조선 시대에 직업을 기준으로 가른 신분 계급, 즉 선비, 농부(農夫), 공장(工匠), 상인(商人)의 네 계급을 이른다."고 적혀 있다. 상인이 최고의 천민이라는 말이다. 이는 지금으로부터 약 1,000년 전 군주 시대에 있었던 전근대적 구분법이다.

　현대 자본주의는 자본 권력을 중심으로 돌아가는 세상이라 '상공농사'로 순서가 바뀌었다. 경제가 발전한 선진국일수록 상인이 담당

하는 3차 산업이 번창한다. 우리나라도 눈부신 경제 성장이 가져다 준 결과로 상(商)이 갑인 세상이 되었다. 자본이 정치를 휘두르고, 유통이 제조를 휘두르는 시대라는 말이다.

하지만 아직도 시대 흐름을 따르지 못하고 장사를 우습게 보는 지식인이나 관료가 있다. 심지어 그 옛날 광대 신분이던 가수까지도 나는 '장사꾼'이 아니라고 강변하는 모습을 봤다. 자기는 천민이 아니라는 표현이다. 방송도, 병원도, 학교도, 농사도, 기업도 인생사 모두가 장사로 연결되고 이와 맞물려 돌아가고 있다는 것을 모르고 하는 말이다. 시대착오적 발상이다. 무식이고 오만이 아닐 수가 없다. 장사꾼이 뭐 어때서! 장사라는 일은 물건 만드는 사람도 기쁘게 해주고, 그 물건을 필요로 하는 소비자도 기쁘게 해준다. 자신 또한 그 일로 밥벌이를 하게 되어 기쁘다. 이 얼마나 좋은 일인가?

사업을 할 때도, 천직을 구할 때도 시대 흐름을 잘 읽어야 한다. 시대 흐름을 놓쳐버리면 노력으로 극복이 안 된다. 20년 전 조기 유학붐이 일었다. 지금 그 자녀들이 학업을 마치고 한국으로 돌아와 취직을 하려고 하는데, 기업에서는 채용을 꺼린다. 오랜 유학생활로 인하여 한국의 현실 문화에 대한 적응력이 떨어진다는 이유다. 그들 중 일부는 취직을 못해 150만 원 인턴 일을 한다는 기사를 봤다. 그들이 유학을 떠날 때의 세상과 지금의 세상은 몰라보게 변했다. 시대 변화를 읽지 못하는 업보는 생각보다 가혹하다. 자신은 물론 자녀의 인생까지도 이렇게 힘들게 하니까 말이다.

명문 대학의 대명사인 SKY대 출신들도 취직률이 60%가 안 된단다. 취업이 이렇게 어렵다 보니 명문대 졸업생이 9급 공무원 시험을 친다는 소리가 있다. 9급 공무원을 무시해서 하는 말이 아니다. 그 시험이 목표라면 SKY 졸업을 위해 20년간 투자한 돈과 노력이 필요 없다는 말이다. 몇 년 전만 하더라도 5급 고등고시가 아니면 쳐다보지도 않던 명문대 학생들이다. 명문대에 입학만 하면 취업은 물론 인생까지도 보장받던 시절이 있었다. 지금은 어림도 없다.

대한민국에서 내로라할 수재였을 44기 사법연수원생 408명 중 177명만 취업을 했다는 기사를 봤다. 수료일을 기준으로 취업률이 43.4%였다. 얼마 전만 해도 상상도 못할 수치이다. 예전에는 사법연수원생이라면 합격과 동시에 출세가 보장되었다. 그런데 지금은 변호사 수가 2만 명이 넘었다. 월수입 200만 원 이하인 변호사가 수두룩하다. 회계사, 세무사, 변리사도 상황은 별반 다르지 않다.

한의원은 이미 포화 상태라 폐업율이 증가하는 추세인데, 매년 배출되는 졸업생은 900명가량 된다고 한다. 치과 병원도 마찬가지다. 신규 치과병원 개업 대비 폐업율이 74% 수준인데, 신규 의사는 1년에 800명씩 쏟아져 나온다고 한다. 산부인과는 개업보다 폐업이 많아졌다. 동네 병원은 1년에 3,000여 곳이 문을 닫는다고 한다. 얼마 전까지만 해도 결혼할 때 집 열쇠, 차 열쇠 등 열쇠 개수를 헤아린다는 직업이 의사다. 그런데 지금은 세월이 변해 1~0.1%에 들어가는 수재들도 이렇게 수난을 맞는 시대가 되었다.

여기서 심각하게 고민해보아야 하는 것은 어린 자녀들의 교육 방향이다. 시대 변화를 감지하고 예측해야 한다는 말이다. 예전처럼 SKY대를 목표로 하고, 유학을 목표로 하고, '사'자 직업을 목표로 해야 하는지 심각하게 고민해봐야 한다. 한국사회 안에서는 대안이 없다 보니 아직도 대다수 부모가 '사'자 직업을 목표로 자녀를 교육시키고 있다. 부모와 아이가 함께 '사'지옥을 벗어나지 못하는 실정이다. 현실이 이 지경이다 보니 자녀교육이 무서워 아이 낳기를 기피하고, 결혼까지도 기피하는 모습이다.

디지털 시대에는 수재 여부가 그다지 중요하지 않다. 대부분의 지식은 스마트폰 안에서 꺼내어 사용하면 된다. 오늘날 대기업에서는 상상력이 풍부하고, 창의력이 뛰어난 천재형 인재를 필요로 한다. 넘치는 정보를 수집, 정리하여 활용하고, 융합하는 인재 말이다.

앞으로 10, 20년 후에는 무인 자동차 시대가 열리고 인공지능 로봇 시대가 열린다. 그렇게 되면 지금의 직업 중 약 50%는 없어진다고 한다. 지금 초등학생들에게 해당되는 이야기다. 도대체 이 아이들 교육을 어떻게 시켜야 하는가? 빈익빈 부익부는 더욱 심해지고, 현재 사회의 대부분을 차지하는 화이트칼라 직업부터 먼저 사라질 것이라는 예측이 있다. 업종이나 기업 자체가 없어지는 경우가 50%라는 이야기다. 결국에는 컴퓨터와 기계, 인공지능 로봇이 할 수 없는 일, 사람만이 할 수 있는 일만 살아남을 것이다. 기업과 개인이, 갑과 을의 판도가 지금과 다르게 상당히 뒤바뀔 수도 있다는 이야기다.

10년 전 삼성 이건희 회장은 "옛날에는 수만 명의 노예가 군주 한 명을 먹여 살렸지만, 앞으로는 천재 한 명이 수만 명을 먹여 살리는 시대가 올 것이다."라고 하면서 천재 경영을 강조했다. 이 말을 처음 들었을 때는 고개를 갸우뚱했지만, 정확한 예측이었다. 시대를 내다보는 통찰력이 대단하다.

다시 말하지만 대기업에서는 수재가 아니라 천재를 원한다. 삼성전자는 현재 박사만 약 5,000명이나 된다. 한국 천재는 물론, 국적 불문하고 외국 천재까지 찾아 나서고 있다. 미루어 생각하건대, 99.9%에 속하는 보통 인재들이 대기업에서 임원으로 승진하는 일은 하늘의 별 따기만큼 어려워졌다는 이야기다.

얼마 전만 하더라도 수재 수준이면 안심이었다. 지금은 어림도 없다. 0.01~0.001%에 들어가는 천재가 아니라면 공부로서는 갑의 노예에서 벗어날 수 없다. 그렇다면 답은 하나다. 글로벌 의식으로 무장하고 장사에 주목해야 한다. 장사는 첨단기계가 나서서 할 수 없는 일이기 때문이다. 장사꾼이 천민 취급을 받았던 때가 있었다. 하지만 현대 피로사회에서는 대기업, 기관 등 조직의 부품이 되는 인생이야말로 진정한 천민이고 하층민이 아닐까?

거듭 강조하건대 지금은 사농공상 시대가 아닌 '상공농사' 시대다. '사'를 숭상하고, '상'을 비하하는 생각은 시대 흐름에 역행하는 발상이다.

지구촌 시대,
해외에서 답을 찾다

태산은 한 줌의 흙도 사양하지 않고
강과 바다는 작은 물줄기라도 가리지 않는다.
– 사마천, 《사기》, 〈이사열전〉

　김우중 전 대우 회장은 글로벌이라는 단어가 생소했던 시절, 한류
라는 단어도 핸드폰도 나오기 전에 오대양 육대주를 누비며 '세계화
경영'의 깃발을 들고, 젊은이들에게 외쳤다.

　"세계는 넓고 할 일이 많다"

　이 말을 제목으로 하는 그의 저서도 있다. 그의 책은 도전하는 젊
은이들의 가슴에 뜨거운 꿈을 심어주었다. 나 역시 26년 전에 이 책
을 읽고 가슴이 뜨겁게 달아올랐던 기억이 지금도 생생하다. 김우중
회장은 올해 79세다. 고령임에도 불구하고 지금도 글로벌 젊은 인

재(GYBM, Young Global Business Managers) 100만 명이 나와야 한다고 외치고 있다. 나라의 앞날을 생각하며 100년 대계를 내다보는 혜안과 열정에 어찌 존경을 표하지 않을 수 있으랴. 대한민국은 김우중 회장과 같은 거인들이 있었기에 한강의 기적이 가능했다. 그리고 이런 거인들이 건재하기에 대한민국은 아직 희망이 있다.

지구촌은 디지털 시대, 글로벌 시대로 변했는데, 아직도 해외를 두려워하며 좁은 한반도 안에서만 답을 찾으려고 하는 젊은이가 여전히 많다. 대기업 입사만을 위해 스펙 쌓기에 여념이 없는 학생들이 여전히 많다. 공무원이 '안전빵'이라며 공무원 시험이 바늘구멍이 돼버렸다. 공무원 시험 합격을 위해 밤을 지새우는 젊은이가 너무 많다.

원대한 꿈이 없고, 뜨거운 열정이 없는 젊음은 젊음이 아니다. 하루 밥 세끼 해결이 인생 목표가 되고, 자본 권력자들의 노예가 되는 일을 인생 목표로 삼는 젊음은 젊음이 아니다. 부모 잘 만나 건물 임대료만 받아 챙기며 먹고사는 사람들을 부러워하는 젊음은 젊음이 아니다. 우물 안 개구리같이 좁은 우물 안에서 안전 제일이 최선이라고 하는 젊음은 젊음이 아니다. 99% 대열로 휩쓸러 가면서도 자신을 혁명하지 못하는 젊음은 젊음이 아니다.

심각한 청년 실업도, 절박한 서민 경제도 '해외'가 답이다. 비교 경쟁의 늪에 빠진 교육문제도, 각박한 사회문제도 해외가 답이다. 한국경제의 재도약을 위한 대안은 그 어떤 정책으로도 답이 없다. 나는 나이 50이 넘어 중국말도 못하고, 가진 기술도 없이 중국으로 건너갔다. 중국은 넓고 할 일이 많다는 것이 보였다. 그러다 보니 돈도 벌고 재미도 있고 보람도 있고 없었던 꿈까지 생겼다.

1972년 내가 처음으로 서울에 올라왔을 때와 2005년 중국에 왔을 때를 생각하면 불과 33년밖에 안 되었는데 격세지감을 통감할 정도로 세상이 변했다. 교통과 통신이 발달하면서 세상은 완전히 지구촌으로 바뀌어버렸다.

촌놈이 서울 가면 눈을 떠 있어도 코를 베어 간다는 말을 들어서 서울로 출발하기 전날 밤에 잠을 설친 기억이 난다. 서울로 떠나보내는 아들이 걱정되어 왜관역까지 배웅 나온 아버지는 애써 눈물을 감췄다. 왜관에서 출발한 비둘기호 완행열차는 12시간 만에 서울역에 도착했다. 지금 같으면 지구 반대편에 있는 미국까지 갈 수 있는 시간이다. 중국 칭다오는 1시간 10분이면 도착한다. 공간거리는 그대로지만 지구촌 간 시간거리가 이렇게나 짧아졌다. 과학은 세상을 좁게 만들어 놓았으며 지금도 시대는 변화하고 있다.

시골 촌놈에게 서울이 두려웠던 것은 서울 정보가 없었기 때문이다. 당시 내가 살던 시골 동네에는 전기가 들어오지 않았고, 세상 돌아가는 뉴스를 접할 방법이 없었다. 지금은 지구촌 구석구석의 뉴스와 정보를 언제 어디서나 손바닥 위 작은 화면을 통해 손쉽게 들여다 볼 수 있지만, 40년 전에는 고향의 가족들과 연락할 방법은 편지밖에 없었다. 객지에서 홀로 생활하는 자식은 부모에게 늘 걱정거리였다. 지금은 영상 통화까지 가능한 시대다.

옆 동네 나들이 가듯 외국으로 떠나는 세상이 되었는데, 아직도 외국으로 나가는 것이 두려운가? 옆 동네에 갈 때와 다른 것은 여권을 챙겨야 한다는 점 정도이다. 정치는 국경이 있어도 경제와 문화는 점점 국경이 없는 시대가 되고 있다. 시대 변화에 맞게 지구촌을 살펴보며 인생을 디자인하지 않으면 안 되는 시대가 되었다.

내가 해외에 눈을 돌리라고 말할 수밖에 없는 이유가 있다. 바로 한류 때문이다. 숲 속에서는 숲을 못 보듯, 한국에는 한류가 없다. 밖에 나와 보니 한류가 넘실거리고, 해외에 나와 보니 Korea라는 브랜드 포지셔닝(Positioning, 어떤 제품이나 회사가 소비자의 마음에 인식되고 있는 모습)이 너무 잘 갖추어져 있었다. 한국인, 한국문화, 한국상품 등에 대한 이미지는 '믿을 수 있다. 깨끗하다, 정직하다, 고급스럽다, 세련되다, 품질이 우수하다' 등의 이미지가 구축되어 있었다. 천운이고 축복이 아닐 수가 없다.

따라서 한국인이 하는 사업에서 한류는 천군만마 역할을 해주고 있다. 마케팅 전략상 이런 굿 포지셔닝을 구축한다는 것은 여간 어려운 일이 아니다. 그래서 포지셔닝이 잘 구축된 회사나 제품은 성공을 절반 이상 이룬 것이나 마찬가지로 본다. 포지셔닝이 구축되면 차별화 전략, 상품 전략, 가격 전략, 광고 전략 등을 세우기도 쉽기 때문이다.

한 가지 유념해야 할 사실은 한류를 활용하는 사업, 즉 한류 비즈니스에 가장 적합한 사람은 청년과 소상공인이란 사실이다. 전략전술에 대한 순발력과 고객에 대한 접객 친화력이 좋기 때문이다. 한류는 한국인이고, 한국인의 마음이다. 시스템과 자본력을 앞세운 대기업이 함부로 덤벼들 일이 아니다. 지금도 재벌급 유통 대기업들이 중국에서 고전을 면하지 못하고 있다. 그들은 순발력과 접객 친화력에서 한계가 있기 때문이다.

디지털 시대가
한류 문화를 꽃피운다

숲이 깊으면 새들이 깃들고 물이 넓으면 물고기가 노닌다.
－ 안영, 《정관정요》 중 당 태종의 말

"안녕하세요, 감사합니다, 맛있다, 사랑해요."

중국 젊은이들이 우리 가게에 오고 나가면서 하는 한국말 인사다. 요즘 들어 이런 인사치레가 부쩍 늘었다. 친근감의 표시다. 나로서는 반갑고 고마운 일이 아닐 수가 없다. 한류가 좋아서 시간과 돈을 투자하여 한국말을 따로 공부하는 아이들이 늘었다. 이유를 물어보니 그냥 한국이 좋아서란다. 우리 가게에서 아르바이트를 하는 학생도 한국에 가보는 것이 꿈이라며 우리말을 배우고 있다. 얼마 전에는 보지 못했던 일들이다. 스마트폰이 보급되고부터 피부로 느껴지는 현상이다. 중국에 중산층이 늘어나면서 젊은이들 사이에서 한류에 대한 관심이 급속도로 늘어나고 있다.

내가 중국에 처음 발을 디딘 10년 전과 지금의 중국은 너무 다르다. 10년 전에는 부잣집 아이들 전유물이었던 휴대폰이 지금은 젊은이들이 모두 손에 들고 있다. 신형 제품이 출시되면 한국보다 중국 젊은이들이 먼저 갖고 다닌다. 세계 제일의 품질을 자랑하는 삼성 스마트폰이 중국산 스마트폰 샤오미 제품에 위협받고 있다는 뉴스가 연일 보도되고 있다. 얼마 전에는 중국 시장에서 1위인 삼성을 밀어냈다. 10년 전에는 한국 학생들은 비싼 음식을 먹고, 중국 학생들은 싼 음식을 먹었다. 지금은 반대다. 중국의 변화와 시대의 변화를 인정하기 싫어도 인정해야 한다.

2012년 기준으로 세계 시장점유율 1위 품목수는 중국이 1,485개 품목이고, 한국은 64개 품목이다. 얼마 전에는 조선 산업도 1위 자리를 중국에게 넘겨주었다. 64개 품목 중에서도 중국으로 넘겨줘야 할 품목이 점점 더 늘어날지도 모른다는 전망도 있다. 중국이 G2라는 기사가 엊그제인데 곧 G1이 된다는 뉴스가 나오기 시작했다.

우리 교민들의 소비력과 이곳 중국의 중·상류층의 소비력은 이미 예전에 역전되었다. 10년 전에는 상상도 못했던 일이다. 중국은 한국이 1970~80년대에 경험한 변화보다 훨씬 더 빨리 변하고 있다. 중국의 발전으로 인하여 세계 산업 판도가 변하고 경제 지도가 바뀌고 있다. 그 속도는 디지털 시대가 되면서 가속화되었다. 혹자는 중국의 이런 발전을 보고, 한국이 중국의 경제 속국이 될 거라며 불안해하고 있다. 나는 이 말에 동의하지 않는다. 한류를 활용한다면 중국의 발전은 절망이 아니라 축복이 될 수 있다. 중국도 한류를 활용한다면 선진국이 되는 시기를 앞당길 수 있다. 중국과 한국 모두 한류를 활용하면 강국이 되고 대국이 될 수 있다.

우리 가게를 찾는 손님들을 보면 음식을 먹기 전에 너나 할 것 없이 스마트폰으로 음식 사진을 찍는다. 사진을 찍는다는 것은 누군가에게 보여주고 싶다는 말이다. 우리 가게는 광고를 따로 하지 않아도 매출이 절로 늘어난다. SNS가 정보의 흐름은 물론, 유통 흐름과 문화 흐름도 광속으로 변화시킨다. 스마트폰 보급 등 디지털 시대는 한국과 중국의 생활문화를 송두리째 바꾸고 있다.

한국에서와 마찬가지로 중국에서도 스마트폰으로 인터넷 쇼핑을 즐기는 젊은이들이 급속도로 늘어나고 있다. 우리 가게 직원들도 스마트폰으로 생활용품을 구매하기 때문에 택배 기사가 하루에 몇 번씩 들락거린다. 한국으로 쇼핑 가는 중국인이 놀랍지 않은 세상이 되었다. 칭다오공항에는 해외로 나가는 쇼핑객들로 붐비고 비행기는 늘 만석이다.

디지털 시대의 변화는 산업혁명의 시대 변화와는 비교가 안 될 정도로 규모도 크고, 속도도 빠르다. 18세기 영국에서 시작된 산업혁명으로 현대 자본주의가 미국에서 꽃을 피웠다. 나는 금세기 미국에서 시작된 IT디지털 혁명이 한국에서 꽃피울 수 있다고 확신한다.

2014년 10월 21일 국제전기통신연합회(ITC)에서 'ITC발전지수 4년속 세계 1위'가 한국이라고 발표했다. 한국은 인터넷 보급률이 98%로 세계 최고 수준이고, 청소년 99.6%가 '디지털 네이티브'로 세계 최고라고 한다. '디지털 네이티브'는 생활 속 모든 분야에서 디지털 언어를 자유자재로 사용할 줄 아는 신세대를 말한다.

이 결과는 우연이 아니다. 디지털 시대가 열리면서 한글의 우수성을 증명하고 있는 것이다. 정보전달 능력은 한글을 따라올 문자가 없다. 소리를 문자로 표현할 수 있는 문자를 비교해보면, 영어와 일어가 300개이고, 중국어가 400개란다. 한글은 8,700개가 가능하다고 한다. 세계 문자 전문 연구원들은 한글을 두고 기적에 가까운 문자라고 했다.

한류 문화는 우연히 생겨난 것이 아니다. 말과 글에는 혼이 담겨 있다. 마음의 알이 말이다. 말이 마음을 만들고 마음이 말을 만든다. 중국의 한자는 뜻글자라서 이성적이고, 한글은 소리글자라서 감성적이다. 그래서 중국인들은 이성적이고 현실적인 반면에 한국인들은 감성적이고 이상적인 경향이 많다. 다시 말해 한글이 우리의 감성을 만들고, 그 감성이 한류를 만들었다는 말이다.

한류 문화가 디지털 시대를 만난 것은 날개를 단 격이다. 과학 기술의 우수성도 중요하지만 '그 기술을 누가 어떻게 잘 활용하느냐'가 더 중요하다. 디지털을 활용하여 보다 편리하고, 보다 아름다운 문화를 가장 잘 창조하는 민족이 우리 민족이다. K-POP이나 K-드라마를 보라. 창의력과 감수성을 그 누구도 우리를 능가할 수가 없다. 우리 말과 글로 감성DNA가 만들어지기 때문이다. 그래서 나는 '한류 문화는 절대로 유행이 아니다'라고 단언한다. 한류는 이제 시작일 뿐이다.

산업 혁명은 제조업을 혁명했지만 디지털 시대는 서비스 문화산업을 혁명하고 있다. 기술이 세상을 지배하는 세상이 아니라 문화가 세상을 지배하는 시대가 오고 있다. 지금 이 시간에도 중국 젊은 이들은 우리 가게에 와서 한국음식을 먹으면서 스마트폰으로 한국 드라마를 보고 있다. 한류는 실시간으로 변하고 디지털 시대 변화는 가속으로 흐르고 있는데, 보고만 있을 것인가. 개인도 마찬가지이지만 국운도 시대 흐름을 놓치면 안 된다. 일찍이 우리 조상들이 세계 국제정세의 시대 흐름을 놓쳐 일본에게 갖은 고초를 겪었던 역사가 있다. 정부와 국민, 특히 청년들과 소상공인들이 디지털 시대가 꽃피우고 있는 한류의 기회를 놓치지 말기를 간절히 기원한다.

시대 흐름을 알면
길이 보인다

옛것을 알고 새로운 것을 익혀 나가면 스승이 될 수 있다.
- 공자, 《논어》, 〈위정편〉

    우리 가게는 영업시간에 한국 방송만 틀어준다. 전략이다. 중국 젊은이들은 K-POP을 좋아하지만 드라마에 더 열광한다. 한국 방송 3사에서 내보내는 연속극 드라마를 거의 다 보고 있는 것 같다. 나도 모르는 연속극 제목을 알려 달라는 아이들이 많다. 어디 그뿐인가. 〈무한도전〉, 〈슈퍼맨이 돌아왔다〉 같은 예능 프로까지 즐기는 이들이 많다. 한국 연예인 이름을 나보다 더 많이 안다. 스마트폰으로 TV 편성표를 찾아 알려주면 그렇게 좋아한다. 2, 3일 후에는 더빙해서 나오는 방송을 볼 수 있기 때문이란다.

가게에서 보는 TV드라마의 내용은 모르지만 연기자들이 입고 있는 옷, 헤어스타일, 핸드백, 액세서리, 집안 분위기, 먹는 음식 등 드라마 배경에 관심이 많다. 한국인은 피부가 어떻게 해서 이렇게 곱냐고 묻는 사람이 많다. 요즘 또 자주 듣는 질문은 '한국인은 모두 성형을 하느냐'이다. 다들 했는지는 잘 모르지만 나는 안 했다고 대답하면 우스워 죽겠단다. 그만큼 TV에 나오는 한국인의 모습이 모두 잘생기고 예쁘다는 말이다.

드라마를 보면서 자연스럽게 한국인의 생활문화에 관심을 가진다. 인기 드라마에 나오는 배우들의 액세서리나 옷은 실시간으로 유행을 주도한다. 우리 가게 앞에 있는 액세서리 가게 사장 말로는 한국에서 유행하는 상품들이 얼마 전만 하더라도 시차를 두고 들어왔는데 이젠 실시간으로 들어온단다. 스티브 잡스 말대로 스마트폰이 세상을 변하게 했다. 한류도 변화에 한몫했다. "K-POP이나 K-드라마만 한류다."라고 할 시기가 아니다. 사업은 기회가 왔을 때 잡아야 한다. 지금이 적기다.

디지털 시대가 도래하면서 한류라는 꽃을 피웠지만, 그 꽃에 열매가 맺지 않는다면 의미 없는 꽃이 되고 만다. 그 열매는 각종 산업과 한류가 융합되는 것을 말한다. K-FOOD, K-헤어, K-패션, K-디자인, K-유통, K-물류, K-관광, K-액세서리, K-레저, K-화장품, K-생활용품 등 문화와 산업을 해외에서 융합하는 일을 정부가 관심을 가지고 지원해야 한다.

　디지털 시대가 만들어준 기회이고 축복이다. 이게 바로 창조경제다. 이 길만이 한국경제가 재도약할 수 있는 유일한 기회다. 제2 새마을 운동은 지구촌을 무대로 해야 하고, 한류와 산업을 융합해야 하는 운동이어야 한다고 감히 주장한다.

　바야흐로 모든 분야에서 경쟁은 점점 더 치열해지고, 비정규직과 청년 실직자는 점점 더 늘어나고 있다. 부모의 경제력에 의지하며 생활하는 청춘을 일컫는 '캥거루족'이라는 신조어까지 생겼으며 그 수는 100만 명이 넘는다는 기사를 봤다. 이들을 뒷바라지해야 하는 부모 세대는 노후 준비가 무방비한 상태다. 며칠 전 한 신문에는 우리나라 노인 빈곤율이 50%에 육박한다는 기사가 났다. 사방이 막힌 우리 현실을 어디서부터 어떻게 해결해야 할까?

　방법은 한 가지다. 우리 젊은이를 위한 무대를 키워야 한다. 젊은이들이 누빌 수 있게 탁 트인 무대를 만들어야 한다. 당면한 모든 문제의 근본 원인은 무대가 좁다는 것이다. 한반도가 너무 좁아졌다는 말이다. 아날로그 시대에서 디지털 시대로 변하면서 세상이 손바닥 안으로 들어왔다. 원하든 원하지 않든 세상은 이미 지구촌 시대가 되었다. 50년 전 서울~부산보다 지금 서울~미국이 더 가까워졌다. 기술 발달과 시대 변화가 한반도를 좁게 만들었다.

　무대가 좁아지니 경쟁은 치열해지고, 경쟁이 치열해지니 세상은 각박해진다. 정치도, 공무원도, 대학도 돈의 논리가 전부다. 교환가치가 매겨진 종이쪼가리가 모든 가치를 압도하고 있다. 지금 대한민국에서 벌어지는 모든 문제의 시발점을 보라. 날이 갈수록 지역, 계층, 세대, 이념 갈등이 날로 심해지는데 그 원인부터 바로 알아야 한다. 모두가 좁아진 무대가 원인이다. 좁아진 무대는 시대 변화로 야기된 문제라 교육이니 정치니 문화니 뭐 하나가 바뀐다고 해결될 일이 아니다.

지금 정부에서 심혈을 기울이는 창조경제로도 해결될 일이 아니다. 국내에서의 창조경제로는 답이 없다. 이쪽 골목에서 성공하는 창업자가 한 명 나오면 저쪽 골목의 또 다른 창업자는 망하는 형국이다. 우리 젊은이들이 해외로 진출해 뛰어놀 수 있게 해외 창조경제 해법이 마련되지 않으면 일자리 정책, 융합 기술 개발 정책 등 그 어떤 정책도 쓸모가 없다. 시대가 변해 생겨난 문제는 개인의 노력만으로 극복하기 어렵다. 정치와 정부가 진정으로 나라의 장래를 걱정한다면 젊은이들이 해외에서 활동할 무대를 키워주는 데 지혜를 모으고 힘을 합치지 않으면 안 된다.

21세기의 문화와 경제에는 이미 국경이 없어지고 있다. 디지털 시대에는 문화 자원과 인적 자원이 가장 중요한 자원이다. 다행히 우리에겐 세계에서 가장 우수한 한류 자원이 있다. 세계에서 가장 창조적인 유전자를 가진 인적 자원이 있다.

과거에 우리는 절망을 기적과 맞바꾼 경험이 있다. 나를 보라. 사업 실패로 하루아침에 신용불량자가 되었고, 연이어 건강까지 무너져 암 수술을 2번이나 받았다. 인생 절망 끝자락에서 나이 오십에 병든 몸으로 혈혈단신 중국으로 건너왔다. 경험도, 기술도, 자본도 없이 병든 몸으로 장사를 시작해 10년도 안 되어 고액 연봉자가 됐고 노후 자금을 마련했다. 하는 일이 즐거우니 마음이 편하고, 마음이 편하니 건강도 좋아진다. 그뿐만 아니라 중국 대륙에 10,000개 K-FOOD 점포를 열어 맥도날드 같은 글로벌 대기업과 겨루겠다는 꿈까지 꾸고 있다.

조국을 떠나 살다 보니 조국을 걱정하는 사람이 되었고, 이렇게 서툰 글솜씨이지만 부끄러운 줄도 모르고 책까지 쓰고 있다. 내가 지금까지 한국에 머물러 있었다면 연봉이니, 건강이니, 비전 이니, 애국이니 어느 것 하나 가능한 일이었겠는가? 아마 자연인으로 아무 의미 없이 살다가 서서히 죽어 갔으리라. 이제는 언제 어디서 죽음이 찾아와도 두렵지 않기에 나는 내 삶을 인생 성공이라 감히 자평 한다.

내가 이룬 모든 것은 오직 한류 때문이다. 나는 남들보다 특별한 능력이 있는 사람이 아니다. 한국에서는 범부도 못 되는 사람이었고, 인생에 실패한 낙오자였다. 그런데 그저 '한국인이 하는 한국음식점이다'라는 이유만으로 중국 아이들이 찾아오더라는 말이다. 얼마나 고마운 일인가? 얼마나 놀라운 일인가?

한류를 함께 연구하고 잘 활용한다면 한국인은 누구나 나와 같이 꿈을 다시 찾고 인생 성공을 이룰 수 있다. 나뿐만 아니다. 우리 가게 바로쿡 앞에서 옷 가게를 운영하는 양 사장도, 헤어숍을 운영하는 디자이너 박 원장도 나보다 더 즐겁게 장사를 하고 있다. 이들이 성공한 이유도 한류 덕분이다. 나나 양 사장, 박 원장 같은 사람이 중국 전역에 헤아릴 수없이 많다. 각 분야마다 한류 사업의 전초기지가 될 수 있는 가게들이 많이 있다는 것이다.

오늘날 삼성과 현대도 작은 가게에서 시작했다. 미래의 삼성과 현대가 될 수 있는 '씨앗' 가게가 무수히 많다. 한류가 있는 한 씨앗 가게들을 얼마든지 거목으로 키울 수 있다. 한류를 몸으로 체험하고, 매출로 확인한 사람이 하는 말이다. 이런 가게들을 개인이 운영하는 생계형 자영업으로 치부하며 그냥 방치하면 안 된다. 이들은 모두 한류 전사들이다. 자부심과 긍지를 가지고 일할 수 있게 응원해줘야 한다. 한국 정부는 하루 빨리 해외에서 장사를 하는 자영업자들의 사업에 관심을 가져야 한다. 이들을 귀하게 생각하면서 씨앗으로 활용해야 한다는 말이다.

내가 운영하는 음식점, 양 사장이 운영하는 옷가게, 박 원장이 운영하는 헤어숍도 모두 글로벌 브랜드로 재탄생할 수 있다고 확신한다. 해외에서 자리 잡은 굴지의 자영업자들을 하찮게 여기지 마라.

모두가 국가대표 문화 사업이고, 산업자원의 씨앗이다. 한류와 해외 서비스 자영업을 융합하면 엄청난 연금술이 일어날 것이다. 이로써 청년 실업을 해결하고 대한민국의 난제를 해결할 수 있다.

다시 한 번 이야기하지만, 디지털 시대는 한민족의 시대임에 분명하다. 사업도 인생도 타이밍이 중요하다. K-POP 한류, K-드라마 한류만 한류가 아니다. 사업으로 융합하지 못하는 문화는 유행으로 끝난다. 개인도 국가도 한류를 주목하고, 한류를 연구해야 하는 타이밍이다. 연예 한류는 반드시 비즈니스 한류로 연결되어야 하고, 특히 서비스 문화 사업으로 꽃을 피워야 한다. 한류 비즈니스의 전사에 가장 적합한 사람들은 지금 한국 땅에서 절망으로 내몰리고 있는 청년과 소상공인이다. 이들을 살리고 기울어져 가는 나라를 바로 세우는 길은 오직 한류와 산업을 융합하는 길뿐이다.

지금 한국에서 여다, 야다, 진보다, 보수다, 동이다, 서다 하며 날마다 밥그릇 싸움만 하고 있는 모습을 보면 한심하기 짝이 없다. 배는 점점 더 기울고 있는데 말이다.

STORY 29

레드오션은
피하는 게 상책이다

무릇 이익을 위해 결합된 것은
궁핍, 재앙, 환난, 손해가 닥치면 서로를 버린다.
천륜으로 서로 묶인 것은
궁핍, 재앙, 환난, 손해가 닥치면 서로를 거둔다.
– 《장자》, 〈산목편〉

손자병법에 '불가승자 수야, 가승자 공야(不可勝者守也 可勝者攻也)' 라는 구절이 있다. "적을 이기지 못할 때는 방어하고, 이길 수 있을 때는 공격한다."라는 뜻이다. 승산이 없는 싸움을 하다가는 큰코다 친다는 말이다. 안타깝게도 지금 대한민국에는 레드오션이 아닌 분 야가 없다. 피하는 게 상책인데 피할 곳이 없다는 게 더 큰 문제다. 승산이 없다는 것을 알면서도 밤을 지세며 도전하고 있는 학생, 자 영업자의 모습을 보면 너무 안쓰럽다.

지금 내 취미는 장사다. 그런데 장사에 재미를 붙이기 전에는 제

1 취미가 바둑이었다. 바둑 두는 재미에 빠져 세월을 많이 보냈으니 바둑 이야기를 좀 풀어야겠다. 미생(未生)과 완생(完生)은 바둑용어다. 바둑은 361집을 놓고 서로 많은 집을 차지하기 위한 게임이다. 집은 최소한 2집 이상 되어야 집으로 인정받는다. 이 돌을 살아 있는 돌, 완생이라고 한다. 반대로 2집을 만들지 못한 돌은 미생이라 한다. 이 미생 돌은 상대에게 포위당하면 죽는다. 죽으면 그 돌은 상대에게 빼앗기게 되고, 죽은 돌 하나에 2집을 손해보는 치명상을 입는다. 그래서 상대에게 쫓기는 미생이 있는 바둑판은 고달픈 게임이 될 수밖에 없다.

우리네 인생사에도 의식주를 자급자족으로 해결할 수 있는 최소한의 성공을 이루지 못한 삶은 바로 고달픈 삶으로 이어진다. 바둑은 겉모습으로는 아주 조용한 게임이지만, 내면을 들여다보면 가장 살벌한 전쟁 게임이다. 죽느냐, 사느냐, 뺏느냐, 빼앗기느냐, 타협도 없고, 비기는 일도 없다. 끝까지 승자와 패자를 가려내는 전쟁 게임이다. 인류 역사 이래 똑같은 인생사가 없듯, 바둑도 똑같은 게임이 없다. 그래서 바둑을 냉혹한 인생사와 비유하고, 변화무쌍한 인생사에 많이 비유한다.

드라마 〈미생〉 이후로 미생이라는 단어는 최소한의 성공도 이루지 못하고, 고달픈 삶을 살아가는 이 시대의 '을'을 상징하는 말이기도 하다. 드라마 〈미생〉의 주인공 장그래는 10세부터 17세까지 무려

7년 동안 프로 입단이라는 완생을 향해 혼신의 힘을 다했지만, 끝내 퇴출당해 처참한 패잔병이 되고 만다. 한국기원 바둑연구원생의 정년은 17세까지라서 더 도전하고 싶어도 못한다. 장그래의 스펙이라고는 달랑 검정고시로 취득한 고등학교 졸업장뿐이다. 청년을 기다리고 있는 일은 아르바이트뿐이다. 이런저런 아르바이트를 전전하다가 지인의 소개로 어느 회사에 인턴직으로 들어간다.

운이 좋았다. 시쳇말로 낙하산이다. 회사라는 조직에서 규정을 무시하고 들어오는 낙하산은 견제의 대상이 되고, 왕따의 대상이 되기 십상이다. 불공평에 대한 불만의 표시다. 화려한 스펙으로 무장한 전사들 틈에 갑자기 맨몸으로 뛰어든 장그래는 미운 오리새끼가 된다. 짧은 스펙을 대변하듯 잘하는 일보다 잘하지 못하는 일이 더 많다. 눈치 보기 바쁘다. 바둑도 전쟁터지만 회사도 또 다른 전쟁터다. 자신이 완벽한 미생이라는 것을 눈치 챈 장그래는 바둑 세계에서 터득한 승부사 기질을 발휘한다. 천신만고 우여곡절 끝에 비정규직인 계약직까지는 간다. 회사 바깥세상이 얼마나 냉혹한지 맛본 장그래는 혹시나 하며 정규직이라는 완생을 향해 몸부림친다. 업무 능력과는 무관하게 짧은 스펙이 더 이상의 앞길을 허락하지 않는다.

드라마 〈미생〉은 노력과 능력으로 극복할 수 없는 한계를 하나씩 안고, 미생으로 살아가야 하는 수많은 직장인과 비정규직의 애환을 적나라하게 그린 작품이다. 높은 시청률이 말해주듯이 주인공의 이야기가 자기 이야기 같고, 친구 이야기 같아서 그 주인공들과 함께 울기도 하고, 웃기도 한다. 50년 동안이나 미생의 삶을 처절하게 살아온 나는 〈미생〉의 클라이맥스를 보며 장그래에게 콧등이 시큰한 연민을 느끼지 않을 수가 없었다. 장그래가 바둑판 정글에서도, 세상 정글에서도 완생의 꿈은 이루지 못했지만, 포기만은 하지 말기를 간절히 기도했다.

이 시대의 미생들은 장그래가 정규직으로 완성하기를 응원했을 것이다. 나 또한 그랬다. 드라마 작가가 시청자의 바람을 모를 리가 없다. 작가도 장그래의 완성을 도와주고 싶었겠지만, 냉엄한 현실을 부정할 수 없어서 드라마는 끝내 해피엔딩으로 마무리되지는 않는다. 작가의 그 마음까지 느껴져 눈시울이 뜨거워졌다. 드라마가 끝나고 한참이 지났는데도 장그래에게 선배 직원이 주는 조언이 잊히지 않는다.

"밀어낼 때까지 그만두지 마라."

"회사 안은 전쟁터지만, 회사 밖은 지옥이다."

"버텨라. 그것이 이기는 것이다."

선배의 말대로 여린 청년에게 이 시대 어른들은 "버티고, 또 버텨라!"는 말밖에 할 수 없다. 이러한 현실이 가슴을 너무 아프게 한다. 차가운 현실을 탓하자는 이야기가 아니다. 이 시대의 갑들을 원망하고, 대기업을 원망하자는 이야기도 아니다. 다만 변해가는 현실을 직시하면서 우리 아들딸이 한 명이라도 더 미생에서 벗어나게 해보자는 이야기다.

10세 때 끼워진 장그래의 첫 단추를 주목해 보자. 7세에 바둑을 만나서 바둑에 신동이라는 별칭이 붙었다. 10세에 한국기원 연구생으로 입문한다. 어느 분야든지 '신동이다, 영재다, 천재다' 하면 주목의 대상이 되고, 부러움의 대상이 된다. 약 120명의 한국기원 연구생은 프로로 입문하는 바둑 사관생도나 마찬가지다. 여기에 들어가려면 전국 각지에서 모여드는 소문난 신동들을 최소한 5명 이상을 제쳐야 합격할 수가 있다. 그래서 연구생까지 올 수 있는 아이들은 신동 중에 신동이다. 하지만 여기까지는 단지 예선일 뿐이다.

장그래가 연구생을 하던 시절에는 1년에 프로 입단자 수가 연구원생 중에 1명, 일반인 중에 1명만이 통과하는 시절이다. 지금은 그때와 입단 제도가 다르다. 연구생 생활은 하루에 10시간 이상 바둑 공부를 해야 한다. 1년간 매주 연구생들끼리 리그전을 펼친다. 실력을 누적 평가받기 위해서 벌이는 게임이다. 한 판 한 판이 결승과 마찬가지다. 1년 내내 긴장의 연속이다. 동기생은 친구이자 적이다. 그래서 더 괴로운 싸움이다. 바둑 선배들의 경험담은 이 대결이 상상을 초월하는 살벌한 지옥 대결이라고 했다.

모두 1년 동안 이 담금질을 감내하지만 오직 1등 1명만 마지막 프로 관문을 통과해 하늘로 승천하는 용이 된다. 119명은 이무기가 될 수밖에 없다. 장그래는 이 생활을 장장 7년을 한다. 번번이 정상 문턱에서 고배를 마신다. 끝내 한계 나이에 걸려 퇴출을 당하고 사회라는 정글에 내버려진다. 완전히 맨몸이고 맨손이다. 집안 형편이라도 좋으면 공부라도 다시 시작하지만 그것도 어렵없다.

한국 바둑 역사에 프로기사는 약 300명이다. 경쟁률과 희소가치로 따지자면 바둑 분야가 단연 최고다. 시험 중에 가장 힘들다고 하는 사법고시는 비교도 안 되는 경쟁률이다. 바둑 프로 입단은 1년에 한 명을 뽑는 K-POP 스타 서바이벌 오디션 대회보다 더 치열하고 더 냉혹하다. K-POP 오디션에서는 중간에 낙오를 해도 다른 방법으로 가수로 활동할 기회가 있다. 바둑은 프로 입단이라는 관문을 통과하지 못하면 다른 방법이 없다. 영원한 아마로 남을 수밖에 없다.

바둑 프로기사가 된다는 것은 낙타가 바늘구멍을 뚫기보다 더 어렵다고 하고, 하늘에 있는 별을 따는 것보다 더 어렵다는 말이 이래서 나온 말이다. 그 어려운 프로 입단 관문을 통과했다고 인생에서 완생은 또 아니다. 완생을 향한 새로운 시작이 또 기다리고 있다. 여기서는 정말 난다 긴다 하는 용들과의 전쟁이다. 신문과 방송에 이름이 오르내리는 고수 중의 고수들이다.

프로라는 자격은 각종 대회에서 이들과 맞붙을 자격을 주는 특혜뿐이다. 참가해서 성적을 내야 수입이 생긴다. 이기지 못하는 프로에게 상금은 언감생심이다. 300명의 프로들과 경쟁해서 성적이

15%이내에 들어야 연봉 5,000만 원을 벌 수 있다. 여기까지 성적을 못 내는 프로는 진정한 프로가 아니다. 프로 세계의 승부는 철저히 적자생존, 약육강식의 정글의 법칙만 존재한다. 이기지 못한 자는 가족의 생계에 문제가 되어 또 다시 미생의 길로 갈 수밖에 없다. 그것도 85%나 말이다.

여기에서 내가 하고 싶은 이야기는 어린 나이에 바둑에서, 사회에서 연속으로 좌절을 겪고 미생의 길을 걷고 있는 장그래는 어디서부터 잘못됐나를 보자는 것이다. 바로 첫 단추가 잘못 끼워졌다. 장그래처럼 영특한 아이가 그 노력으로 그 시간에 다른 공부를 했더라면 어떤 분야에서든 완생을 할 수가 있었을 것이기 때문이다. 첫 단추만 잘 끼웠더라면…. '~더라면'이란 생각들을 두고두고 저버릴 수가 없다.

문제는 장그래 한 사람이 아니라는 것이다. 지금 이 시간에도 한두 명의 스타를 배출하기 위해서 얼마나 많은 신동이 좌절하고 있겠는가? 연기, 노래, 운동 등 여러 분야에서 얼마나 많은 미생들이 힘들어하고 있겠는가? 아이들은 자기 장래에 대한 꿈은 막연하게 그릴 수는 있겠지만, 먼 훗날 이런 냉혹한 정글이 기다리고 있다는 것은 눈치 채지 못한다. 아이들에게 채워주는 첫 단추는 어른들의 몫이다. 더 이상 하늘의 별을 따보라는 무모한 첫 단추는 채워주지 말아야 한다.

우리가 사는 세상에서 비교 경쟁을 완벽하게 피할 수는 없다. 하지만 극단적인 레드오션은 피해가게 해줘야 하지 않겠는가? 한반도가 좁아서 어쩔 수가 없다고 하지 말자. 한반도가 좁아서 블루오션을 찾을 수가 없다면, 지구촌을 뒤져서라도 이런 극단적인 레드오션은 피하게끔 해주자.

어느 날, 회사 일이 힘들 때 장그래가 독백을 한다.

"잊지 말자. 나는 어머니의 자부심이다."

자기보다 몇 배 더 고생하고 있는 홀어머니를 생각하며 차가운 벌판에서 버텨보려고 애쓰는 장그래의 모습이 자꾸 눈앞에 아른거린다. 얼마나 안쓰럽고, 얼마나 사랑스러운 우리 아들인가.

이 땅에 태어난 모든 아이를 풍족하게 살도록 해주자는 말이 아니다. 최소한 자급자족, 하루 밥 세끼에 쫓기며 살아가는 미생은 없도록 해줘야 하지 않겠는가? 바둑판에 의미 없이 놓인 돌은 하나도 없다. 이 세상 모든 아이 역시 의미 없고, 별 볼일 없는 아이는 단 한 명도 없다. 이 땅의 미생들을 블루오션에 한류가 넘실거리는 넓은 세상으로 안내하고 싶다. 이 일이 내 바둑 취미와 장사 취미에 이어 마지막 취미이자 소명인 듯하다.

STORY 30

한국 정부여,
창조경제에 고하다

친구가 멀리서 찾아오면 또한 즐겁지 않느냐.
- 공자, 《논어》, 〈학이편〉

"지구상에서 대한민국이 가장 먼저 사라질 나라"

〈명견만리-인구쇼크, 청년이 사라진다〉라는 방송 프로그램에서 옥스포드 인구 연구가가 한 말이다. 지구상에서 가장 먼저 사라질 나라라니. 망하는 것도 아니고 사라진다니. 충격적인 발언이다. 이 말은 지구상에서 가장 심각한 저출산국이라는 뜻이다. 방송에 따르면 가장 먼저 사라질 도시는 부산이다. 2413년에는 부산에 마지막 출생자가 태어나고 2505년에는 서울에 마지막 출생자가 태어난다. 그리고 2705년에 대한민국이 지구상에서 사라진다고 예측했다.

211

멀리 있는 이야기가 아니다. 또한 일본과 같은 장기불황도 코앞이다. 청년 실업, 3포, 5포 문제를 더 이상 미룰 수가 없다. 보육비 몇 푼 주면서 저출산 문제를 해결하려고 해서는 안 된다. 언젠가 한국 대통령이 다급한 마음에 대기업 총수들에게 청년들을 많이 고용해 달라고 당부하는 모습을 TV를 통해 봤다. 하지만 당부한다고 청년 실업이 개선되는 것은 아니다. 2차 산업인 제조업을 중심으로 했던 아날로그 시대에는 가능한 일이었다. 하지만 지금은 정보와 자동화 시스템으로 무장한 디지털이 세상을 움직이는 시대다.

다시 말해 3차, 4차 산업이 중심인 시대여서 대기업은 커져도 고용은 늘어나지 않는다. 늘어나는 것은 시간제 근로자와 비정규직이다. 미래가 불안한 일을 하면서도 가정을 꾸리고 자녀를 낳아 기르라고 하는 말은 너무 무리한 부탁이다. 지금의 이 현실이 심각하다고 하는 지식인은 많다. 하지만 해결 대안을 제대로 제시하는 사람은 없다. 우리 사회의 심각한 현실을 보면서 밥장사하는 사람이 감히 돌파구를 제안한다.

"청년들을 살려 저출산 문제를 해결하고, 서민들을 살려 나라 경제를 일으켜 세우려면 한류를 주목하고, 해외 서비스 문화 사업을 주목해야 한다."

작은 음식점 주인의 허황된 이야기라고 웃지 마라. 박사도, 교수도, 고관대작도 아닌 소시민이 나라 걱정한다고 웃지 마라. 내가 지금 하고 있는 말은 두 눈으로 보고 온몸으로 체험한 후 하는 말이다.

나라 장래를 걱정하는 관료와 학생들의 장래를 걱정하는 대학은 한류를 주목해야 한다. 정작 한국에서는 한류를 잘 모른다. 그렇다면 한류라는 개념부터 다시 공부하고, 한류라는 자원을 활용하는 연구라도 시작해보길 바란다.

고도 경제성장기에는 정부가 대기업을 지원하는 정책이 맞다. 지금과 같은 저성장기에는 소상공인을 지원하는 정책이 필요하다. 특히 지구촌 시대가 되어버린 지금은 '해외 소규모 한류 사업'에 집중해야 한다. 대한민국에서 벌어지는 지금의 모든 난국을 해결하는 답이 여기에 있다고 단언한다. 한국에 있는 청년도, 어려움에 처해 있는 소상공인도, 해외에 나와 있는 유학생도 한류를 활용하는 창업으로 답을 찾아야 한다. 기술력보다 문화를 주목하고, 국내보다 해외를 주목해야 한다. 국내에서 하는 그 어떤 창업과 그 어떤 창조경제 정책으로도 지금의 과잉 경쟁구도를 해결할 수 없다.

내가 살고 있는 중국 대륙에는 지금도 한류 열풍이 거세게 불고 있다. 이를 활용하려는 소상공인의 도전은 지금도 계속 이어지고 있다. 안타까운 일은 실패율이 너무 많다는 점이다. 중국의 장점과 한국의 단점을 융합하고, 한국의 장점과 중국의 단점을 융합하는 전략과 전술이 부족한 탓이다. 개인의 힘으로 극복하기 어려운 장애 요소가 많은 탓이다.

자본력을 갖춘 대형음식점이 속속 중국으로 진출하여 성공한 사례도 많이 있다. 하지만 거기에는 한류팬(80, 90호우세대)들이 다가가지 못한다. 분위기와 가격이 그들에게 맞지 않는 탓이다. 그뿐만 아니라 한국 청년과 소상공인은 그곳에서 일할 공간이 없다. 다시 말해 한류 문화 사업으로 연결이 안 되고 있다.

내가 하고 싶은 이야기는 두 가지다. 하나는 소상공인이 각개로 도전하도록 방치하지 말라는 것이다. 이들의 실패는 바로 인생 실패로 이어지기 때문이다. 게다가 그들이 실패하고 돌아간 그 자리에는 한국인이 없는 수준 낮은 짝퉁 한국가게들이 판을 치게 된다. 그로 인해 한류에 대한 이미지만 버려 놓는 결과를 초래한다. 정부와 대학이 힘을 모아 해외 한류 문화 산업을 체계적으로 연구하고 지원한다면 소상공인도 살리고 나라도 살릴 수 있다.

또 하나는 외국에서 하는 한류 문화 사업은 그 나라의 젊은이들을 상대로 하는 전략전술이 나와야 한다. 새로운 외국 문화를 즐기는 사람은 어느 나라든지 그 나라의 젊은이들이다. 한식 세계화를 한다면서 기성세대들이 즐기는 불고기 한정식 콘셉트로 하는 것을 봤다. 가격도 분위기도 젊은이들에게는 어울리지 않아 한류팬들이 다가가지 않았다. 그렇게 하면 안 된다고 주관 단체에 전화했지만 담당자가 없다는 싸늘한 대답만 들었다. 그리고 얼마 후 수백억 예산을 날렸다는 기막힌 기사가 나왔다. 실수를 되풀이하지 말기 바란다.

한국의 창조경제타운에다 중국 대륙에 한국음식점 1만 개 개설(한류 사업 C-10,000 프로젝트)을 검토해 달라고 두 번이나 제안했다. 한 번은 '멘토'라는 사람에게 자료만 넘겨주고 놀림감이 되었고, 한 번은 담당 부서가 없다는 이유로 거절당했다. 나는 자료를 빼앗겨도 괜찮고, 거절당해도 괜찮고, 무시당해도 괜찮다. 다만 엉터리 교수와 엉터리 공무원들이 창조경제와 한식 세계화에 투입되는 그 혈세가 어떤 돈인지만은 깨닫기를 소망한다.

우리 민족은 유대인보다 더 우수한 유전자를 가지고 있다. 유대인의 탈무드 교육을 보고, 이스라엘이라는 강소국을 보라. 그 어떤 강대국도 이스라엘을 무시하지 못한다. 그 힘의 원천은 유대인의 교육과 해외에 나와 있는 유대인 소상공인이다. 그들의 조국은 작은 이스라엘이지만 미국과 유럽 등 선진국으로 들어가서 그 나라에 중심 세력으로 자리매김을 하고, 주재하는 나라를 자기들 나라로 만들어가며 살고 있다.

우리 민족은 한류라는 세계 최고의 감성 문화를 가지고 있는 민족이다. 거기에 세계 어느 민족과 비교해도 뒤지지 않는 부지런함과 성실함까지 지닌 민족이다. IQ(이성)보다 EQ(감성)가 더 중요한 디지털 시대는 한민족의 시대임에 분명하다. 과거 유대인이 그러했듯이 우리 민족은 비좁은 한반도만 내 땅이라고 생각하지 말고 지구촌을 무대로 누벼야 한다.

천만다행인 것은 지구촌에는 한류가 넘실거리고 있고 지구촌 곳곳에는 삶의 터전을 마련하고 살아가는 우리의 소상공인이 있다. 정부와 대학은 이들 한 사람 한 사람을 찾아나서야 한다. 이들 사업체를 활용하여 젊은이들에게 디딤돌이 될 수 있도록 도와줘야 한다. 이 일이 한류와 산업을 융합하는 진정한 창조경제이고, 21세기에 우리가 해야 할 새로운 새마을 운동이다.

제발! 타이밍을 놓치지 말기를 당부한다. 옥스포드 인구 연구소가 발표한 연구 자료가 엉터리 자료가 되길 간절히 소망한다.

중국 역사

보이지 않는
또 하나의 중국의 힘

– 살아 있는 역사의식

"모든 길은 로마로 통한다."

기원전 7세기경 로마가 세계 문명의 중심이 되었던 때를 나타내는 말이다. 중국에서 생활하면서 중국 역사를 알고 보니 '모든 길이 중국으로 통했을 것'이라는 생각도 들었다. 중국은 세계 문명의 중심이라는 '중화'라는 단어가 걸맞은 나라임에 틀림없었다. 18세기 말엽부터는 영국에서 산업혁명이 일어나면서 중화라는 단어가 무색하게 되었다. 하지만 250년이 지난 지금은 '모든 길은 중국으로 통한다'는 말이 나올 정도로 빠른 속도로 중화가 부활하고 있다는 느낌을 받는다. 그 힘의 원천은 한국의 96배가 넘는 광활한 대륙과 14억 인구다. 하지만 나는 얼마 전에 중국의 평범한 대학생을 만나면서 또 하나의 중국의 보이지 않는 힘을 보았다. 바로 중국인들의 '살아 있는 역사의식'이다.

나는 중국이 좋아 중국말을 배우고 싶었고, 그 학생은 한국이 좋아 한국말을 배우고 싶어 했다. 만남의 인연을 이어가던 어느 날 그 학생은 중국 역사와 문화에 대해 이야기를 풀기 시작했다. 2시간 반 동안 중국의 고대 시대(요순 시대)에서 지금의 마오쩌둥(毛澤東)과 덩 샤오핑(鄧小平)의 현대사까지 5,000년 중국 역사 속으로 나를 빠져들게 했다. 중국 역사에 대한 지식이 미천한 나로서는 뜻밖의 행운이었고, 그 어떤 역사학자에게 들었던 이야기보다 값진 감동이었다.

이때 나는 중국 역사와 문화에 대해 놀란 것이 아니었다. 중국의 자랑스러운 역사와 부끄러운 역사를 거침없이 이야기하는 그 학생의 살아 있는 눈빛과 중국인으로서 자부심이 넘치는 모습을 보고 놀라지 않을 수가 없었다. 더욱 놀라운 일은 그 학생이 역사를 전공한 것이 아니라 관광경영을 전공한 학생이라는 것이었다. 대학교에서 역사 공부를 따로 했냐고 물었더니 초·중·고등학교에서 배운 내용이라고 했다.

놀라지 않을 수가 없었다. 보이지 않는 중국의 무서운 힘이 여기에 있었구나! 이러한 역사 교육을 바탕으로 한 중국인의 자부심은 광활한 대륙보다, 14억 인구보다 더 값진 힘의 원천이 분명했다. 놀라움은 이내 부러움이 되었다. 나에게 중국 역사 이야기를 해주면서 반짝이던 그 학생의 그 눈빛. 이것을 만든 건 중국의 역사 교육이다. 교육의 힘은 생각보다 더 강했다.

덜컥 한국 학생들의 모습이 생각났다. 3·1운동과 광복절이 무슨 날인지도 모르고 그저 영어, 수학문제집만 열심히 풀며 자라고 있는 우리의 아이들. 《생각하는 인문학》으로 세상을 조금이라도 바꿔보겠다며 고군분투하는 이지성 작가의 말이 떠올랐다.

"우리는 교육받은 대로, 나라를 빼앗길 것이다."

"우리는 불행하게 살도록 교육을 받았다."

"교육이 바뀌면 생각이 바뀐다."

이와 함께 그는 우리의 역사의식과 교육에 대해 참으로 개탄스러운 이야기를 전했다. "일본이 우리 민족의 우민화를 위해 역사를 왜곡하고 말살하기 위해 만든 기관이 '조선사 편수회'다. 조선사 편수회에는 일제 역사학자들의 총애를 받으며 역사 왜곡의 앞잡이가 된 두 명의 한국 학자가 있었다. 해방 후 이 두 학자는 우리나라 교육계와 역사학계에 거목이 되었다." 할 말을 잊게 만드는 대목이다. '역사를 잊은 민족에게 미래가 없다.' 윈스턴 처칠의 말로 비통한 심경을 갈음한다.

우리나라 교육은 학생들에게 고기 등급 매기듯 '암기' 능력 순서대로 9등급으로 나누어 놓고 경쟁을 시키고 있다. 1등급은 자만에 빠지고, 나머지는 좌절감에 빠지게 하는 교육이다. 대학 갈 때 적성 따위는 신경 쓸 겨를이 없다. 대학은 오직 취직 경쟁의 장이 되어 문·사·철. 같은 인문학은 거들떠보지 않은지 오래다. 그 교육의 결과는 오늘 우리 앞에 놓인 절박한 현실이다. 경쟁과 탐욕만 최선이라고 가르치고 있는 교육 현실이다.

청소년 자살률 1위도, 저출산율 1위도, 국민행복지수 최하위도 따지고 보면 모두가 교육이 원인이다. 편안하게 잘 먹고 잘살게 하기 위해서는 잔머리를 잘 굴리는 시험기술자가 되어야 한다는 것이 작금의 교육 목표다. 그렇게 배출한 1등급 기술자들이 사회지도자가 되니 배려나 양심, 책임감과 사명감 따위는 비웃음거리밖에 될 수가 없다. 사람은 역사를 모르고 자신의 과거를 모르면 정체성이 없어진다. 정체성이 없으니 별짓을 다한다. 모두가 돈만 좇다 사라지는 불나방 인생이 되고 만다. 날이 갈수록 점점 더 각박해지는 이 현실의 원인을 똑바로 직시하지 않으면 한국의 미래는 없다. 이대로 가다가는 머지않아 가진 자들도, 못 가진 자들도 함께 공멸할 수밖에 없다는 것도 명심해야 한다.

나는 배움이 얕고, 내 앞가림도 겨우 하는 사람이다. 하지만 중국과 한국을 오가며 느끼는 바가 많다. 당장 생활이 절박한 서민들과 청년들은 교육이 바뀌고, 가진 자들의 의식이 바뀌기를 기다릴 시간조차 없다. 우선 살아남아야 하기에 해외로 피난이라도 나오라고 나는 소리를 지르고 있다. 이들은 상황이 절박하니 누구를 탓할 여유도 없다.

하지만 삶이 아무리 다급해도 한 번뿐인 귀한 삶을 막 살 수는 없다. 모든 인생은 생로병사의 굴레를 벗어날 수가 없다. 모든 사업도 홍망성쇠의 굴레를 벗어날 수가 없다. 원인 없는 죽음이 없고, 원인 없는 성공도, 실패도 없다.

역사는 그 원인을 비춰보는 거울이다. 인생도 정치도 사업도 어떻게 해야 최선인지를 가르치는 게 역사다. 5천년 중국의 역사무대에서 수많은 주인공들의 모습을 보면서 사업 성공과 인생 성공의 길을 혹시라도 찾을 수도 있겠다 싶어 중국 역사에 대해 감히 몇 자 적어보고자 한다. 중국과 우리나라는 이미 5천년 전부터 운명적 만남을 같이했다. 앞으로도 그 운명은 떨어지려야 떨어질 수 없다. 최선의 방법은 상생이다. 이를 위해서 우리 역사는 물론 중국 역사도 알아야 하는 시대가 되었다.

한국 땅에 살면서 한국 역사를 몰라도 살아갈 수가 있다. 마찬가지다. 중국에서도 중국 역사 몰라도 잘 살아 갈 수 있다. 하지만 그 나라의 역사를 알면 특정문화에 대한 이해의 폭이 넓어지고 훨씬 더 잘 활용할 수 있다는 것을 깨달았다. 중국에서 사업을 하려면 중국을 알고, 중국인들을 이해해야 하기에 수미산만 한 중국 역사를 티끌만큼이라도 소개하려고 한다. 이는 중국 학생에게 들은 이야기를 바탕으로 요약한 내용이다.

■ 중국의 상고 시대

5천년 전 삼황(三皇)오제(伍帝), 8명의 제왕 중에 요순(堯舜)임금에 이어 우(禹)임금이 등장한다. 우(禹)임금은 13년 동안 황하의 홍수를 다스리면서 자기 집 앞을 3번을 지나가는데, 한 번도 안 들르고 그냥 지나쳤다는 말이 있다. 그 일화로 '三過家門而不入(삼과가문이불입)'라는 고사성어가 생겼다. 백성을 걱정하는 정치인이라면 가슴속에 새겨두어 할 글귀다. 이렇게 고대 부족국가 시대에서는 태평성대로 이어져 오다가 BC 1066년 주(周)나라 시대로 접어들면서 봉건제도가 정착되어 절대 왕권 정치가 시작된다. 백성은 노예가 되고 권력을 향한 전쟁의 역사가 3000년간 이어진다. 오늘날 마오쩌둥이 중국 역사에서 가장 칭송받는 이유도 3000년 노예역사를 종식시키고 인민이 주인이 되는 인민공화국을 세운 업적 때문이다.

■ 춘추전국시대(기원전 770~221년)

550년 동안 이어지는 난세에 제자백가(諸子百家) 사상가들이 나와 백가쟁명(百家爭鳴)을 일으켜 오늘까지 이어지는 동양문화의 정수(精髓), 즉 유가(儒家), 도가(道家), 법가(法家), 병가(兵家), 묵가(墨家), 잡가(雜家), 명가(名家), 농가(農家), 종횡가(縱橫家) 등 수많은 제가들이 출현했다. 놀랍게도 지금으로부터 2500년전에 출현한 이 사상들이 오늘날까지 이어지는 중국역사의 토대가 되었고, 중화의 자부심이 되었다.

■ 진시황제(秦始皇帝, 기원전 221~206년)

중국 최초로 통일시대를 열었고, 중국 최초로 왕(王)의 시대를 마감하고 황제시대를 시작했다. 잘 살아보려고 아방궁을 짓고, 또 잘 죽기 위해 진시황릉을 지으면서 인간의 탐욕은 끝이 없음을 증명해 보였다. 권력 탐욕에 눈이 멀어 백가사서(百家史書)를 모두 불태우는 분서갱유(焚書坑儒)를 단행하며 폭정(暴政)을 했다. 그는 권력재위 11년에 불노장생을 꿈꾸다가 나이 50에 역사 속으로 사라진다. 권불십년 화무십일홍(權不十年 花無十日紅)을 온몸으로 가르쳐주고 간 황제다.

■ 한(漢)나라 시대(기원전 202~기원후 220년)

전한(前漢) 시대와 후한(後漢) 시대로 나누어지고 그 사이에는 신(新)나라(8~23년)를 세운 왕망(王莽)이라는 나쁜 왕이 있었다. 그는 한(漢)나라의 관료로서 14대 왕인 평제(平帝)를 독살하고 정권을 장악했다. 진(秦)나라가 극도로 혼란한 틈을 타 초나라 귀족 출신인 항우가 진나라를 멸망시켰다. 이후 항우는 변방의 반란 협력자인 유방(劉邦)과 4년간에 걸친 사투(死鬪)를 벌였는데 이 전쟁이 장기판에 나오는 유명한 초한전쟁이다. 결국에는 용병술에 능한 유방이 천하를 통일하여 오늘날 중국의 기틀을 만들었다.

■ 후한(後漢) 시대(25~220년)

한 고조 유방의 9대손인 유수(劉秀)가 왕망의 신나라 말기의 혼란을 잠재우고 한(漢) 왕조의 재부흥을 위한 후한(後漢) 왕조 초대 황재, 광무제(光武帝)다. 특히 그는 "하늘과 땅의 존재 중에 인간이 가장 귀하다(天地之性 人爲貴, 천지지성 인위귀)"라는 글귀를 만들어 각 지방관청에 조서(詔書)를 내려보내면서 선정을 베풀어 오늘날 중국의 기틀을 다진 공로로 중국 역사에 나오는 황제들 중에서도 가장 존경받는 황제 중 한 명이 되었다.

■ 황건적 난(184년)

후한 말기에 나이가 어린 황제들이 많이 등장하면서 황제의 외가 측 사람들과 환관세력들 간에 권력다툼이 벌어지고 백성들은 극심한 곤궁에 빠지게 되었다. 백성들의 불만이 극에 다다를 때 태평도(太平道) 교주 장각(張角)이 이끄는 신도들이 머리에 노란 수건을 두르고 정부를 향해 반란을 일으켰다. 이 난이 황건적의 난이다.

이 반란을 제압하려고 황제는 조정의 중신들에게 각 지방의 군권과 재정권을 넘겨주었다. 그 대표 세력이 연주의 조조(曹操), 강동(江東)의 손견(孫堅), 예주(豫州)의 유비(劉備), 기주(冀州)의 원소(袁紹), 익주(益州)의 유언(劉彦), 양주(揚州)의 원술(袁術), 형주(荊州)의 유표(劉表) 등이다.

이후 십상시의 난(189년)과 적벽대전이 일어나면서 유비는 지금의 사천성 지역을 중심으로 촉한(蜀漢)을 세우고, 손권(孫權)은 지금의 무한(武漢)을 중심으로 오나라(東鳴, 孫鳴)를 세운다. 한편 조조는 허난성 낙양(洛陽)을 중심으로 위(魏)나라를 세워 위왕(魏王)에 오른다. 이렇게 해서 파란만장한 중국의 삼국 시대가 펼쳐지기 시작한다.

■ 삼국 시대(220~280년)

이 시대의 기록물 삼국지(三國志)는 중국의 후한(後漢) 말 삼국의 역사에 대한 역사기록물이다. 이 기록은 약 60년 동안 이어진 삼국 시대를 마감하고, 진(晉)나라 시대가 도래했을 때, 서진(西晋) 역사가 진수(陳壽)라는 사람이 기록했다.

후한 말의 황건적의 난(184년)부터 삼국 시대가 끝날 때까지 약 100년을 배경으로 펼치는 전쟁사를 명(明)나라의 나관중(羅貫中)이 쓴 소설을 중국에서는 삼국연의(三國演義)라고 한다.(우리나라에서는 삼국지 소설)

황건적의 난부터 100여 년 동안 이어지는 수많은 전쟁으로 인하여 당시 중국 인구는 65% 정도까지 줄어들었다는 이야기가 있다. 하지만 중국 역사는 또다시 368년 동안이나 이어지는 분열과 혼란 시대가 또 다시 기다리고 있다.

■ 서진(西晉, 265~316년)과 동진(東晉, 317~420년)

위나라의 사마염이 삼국 시대를 종식시켰지만, 8왕의 난으로 인하여 정국은 다시 혼란에 빠진다. 이 혼란을 틈타 흉노족의 침입(영가의 난)으로 서진(西晉)이 멸망한다(316년). 이때부터 5호 16국 시대가 시작되면서 또 다시 대 혼란의 시대가 된다.

317년에 서진(西晉)의 왕족이었던 사마예(司馬睿)가 남쪽의 건업(建業, 지금의 南京)에서 망명 정부로 진(晉)왕조를 다시 이어간다. 이 나라를 동진(東晉)이라고 한다. 운 좋게도 100여 년간 11대를 이어가다가 420년에 동진(東晉)은 유유(劉裕)가 세운 송(宋)에 의하여 망하게 된다.

■ 남북조 시대(南北朝 時代, 420~589년)

동진(東晉)이 멸망하고 송(宋), 제(齊), 양(梁), 진(陳)의 4개 왕조가 차례로 있었는데, 이것을 가리켜 남조(南朝)라고 불렀다.

북쪽에는 5호 16국을 거쳐 북위(北魏), 동위(東魏), 북제(北齊), 북주(北周)가 차례로 있었는데, 이것을 가리켜 북조(北朝)라고 불렀다. 분열과 통합을 거듭하다가 마지막으로 통합하는 나라가 북주(北周)였고, 그 나라가 중국 역사상 4번째 통일 한 수(隋)나라가 된다.

■ 수(隋)나라 시대(581~618년)

수나라의 건국 시조 문제(文帝)의 내치는 어느 선왕(善王) 못지않게 훌륭했다. 하지만 외치(外治)에서는 고구려를 잘못 건드려 훗날 큰 문제가 야기된다.

그런데 문제(文帝)의 뒤를 이은 양제(煬帝)는 아버지의 품성과 달리 사치와 향락을 즐겼고, 놀라운 추진력과 열의를 가진 인물이었다. 무엇보다 수나라의 운명을 단축시킨 원인은 4차에 걸친 고구려와의 전쟁이다(1차 598년, 2차 612년, 3차 613년, 4차 614년).

■ 당(唐)나라 시대(618~907년)

당 태종 이세민은 현무의 변(玄武門之變)을 일으키며 형제들의 피를 손에 묻혀 가며 권력을 잡았지만, 수나라 양제(煬帝)를 거울삼아 "천하는 한 사람을 위한 것이 아니며, 만인의 것이다."라고 말하면서 백성을 살피는 선정을 배푼다. 엄격한 율령(律令, 성문화된 법)을 확립하여 안정된 내치를 이루었고, 대외적으로 영토를 확대하여 대당제국(大唐帝國)을 이룩한다.

당 태종의 연호가 정관이라서 그가 정치를 한 23년을 정관의치(貞觀之治) 시대라고 한다. 이 시대를 두고 신석기 시대의 태평성대로 알려진 삼대(三代 하, 은, 주) 시대 다음 가는 최고의 태평성대로 일컫는다.

중국 문화를 이야기할 때는 당나라는 시(詩)를 대표하고, 송(宋)나라는 사(詞운문), 원(元)나라는 악곡(樂曲), 명(明)과 청(青)나라는 소설을 대표문화라고 한다. 당나라에는 수많은 시인이 있는데 우리에도 널리 알려진 두보(杜甫)와 이백(李白)을 빼놓을 수가 없다. 중국에서 두보는 시(詩)의 신(神)으로 불리고, 이백은 시선(詩仙)으로 불린다. 특히 당(唐)대 은둔 선비이자 다도(茶道)문화의 선구자 육우(陸羽)선생이 《다경(茶經)》이라는 책을 펴낸 이후에는 지금과 같이 차를 우려내어 마시는 습관이 보편화되었다고 전해진다.

당나라가 저무는 운명은 중국의 4대 미인 중 한 사람인 양귀비가 등장하면서다. 미인박명(美人薄命),경국지색(傾國之色)이라는 글귀를 떠올리게 하는 대목이다. 결국 '안사의 난'과 '황소의 난'을 거치면서 당나라는 망하고 또다시 분열의 시대, 오대십국(伍代十國)의 시대가 열리게 된다.

■오대 십국 시대(五代十國時代, 907~960년)

오대 십국 시대는 당나라가 멸망하고 송나라가 세워지는 시대 사이를 말한다. 약 60년 동안 후량, 후당, 후진, 후한, 후주로 왕조가 바뀌고, 화남(華南)을 중심으로 여러 지방정이 흥망을 거듭한 정치적 대혼란기다.

중국 속담에 '人生不如意事, 十中八九'이라는 말이 있다. '인생사에 여의치 않는 일이 십중팔구다'라는 뜻이다. 인생뿐만 아니라 대

류의 역사도 십중팔구가 순탄치 않다. 3천년 전, 하(夏)왕조 이후 대
륙의 분열과 통합은 끝도 없이 반복된다.

인간의 탐욕이 변하지 않는 한 전쟁은 멈춰지지 않을 듯 해 보인
다. 불과 53년 동안에 황제자리가 14번이나 바뀌게 된다. 그만큼 혼
란스러웠다는 이야기다. 권력을 향한 탐욕의 극치를 보여주는 시대
다. 천륜도 인륜도 권력 앞에서는 티끌이 되고, 배신과 권모술수만
난무하는 시대다. 지나친 탐욕이 어떤 결과를 가져다주는지 잘 가르
쳐주고 간 시대다. 사업 성공도 인생 성공도 배신과 권모술수로는
절대로 큰 성공을 이룰 수 없다.

■ 송(宋)나라 시대(960~1279년)

송나라는 북송(北宋)과 남송(南宋)으로 구분된다. 당나라가 멸망하
고 무인(武人)들이 곳곳에서 나라를 세워 오대 십국의 혼란기를 거
친다. 이를 경험한 송나라의 왕조는 과거제도를 강화하여 무인들
의 힘을 억제하기 위해 문인(文人) 중심으로 정치를 펼친다. 이 제도
는 무인들의 힘을 억제하고, 중앙집권의 강화를 이룬 장점은 가져
왔으나 과도한 문관 대우로 인해 군사력을 약화시키는 계기가 되었
다. 문화와 경제는 번영을 누렸으나 인구 1억 명이 넘는 송나라 인구
150만 명밖에 안 되는 몽골제국에게 망하게 된다.

"槍杆子裏面出政權(권력은 총구에서 나온다)" 마오쩌둥(毛澤東)의

어록이다. 당(黨)이 군(軍)을 지휘해야지 군(軍)이 당(黨)을 지휘하는 것을 결코 허용하지 않는다는 말이다. 힘이 먼저라는 뜻이기도 하고, 힘이 없는 정의와 사상은 모래성이라 이야기이기도 하다.

■ 원나라 시대(1271~1368년)

원나라는 송나라를 멸망시킨 몽골제국의 정복 국가다. 몽골제국의 역사는 기적을 일으키지만, 5천년 중국 역사에서 가장 치욕적인 역사이고, 하루아침에 노예로 전락한 백성들의 비참한 삶은 최악이었다. 여기에서 수천 년간 부족구가로 흩어져 살던 유목민들을 하나로 통일하여 몽골제국을 세운 칭기즈 칸이라는 영웅이 등장한다(1206년). 워싱턴포스트지는 칭기즈 칸을 지난 천 년 동안 세계에서 가장 영향을 많이 끼친 인물로 선정했다. 그의 어록 중에 이런 말이 있다.

"집안이 나쁘다고 탓하지 마라. 나는 아홉 살 때 아버지를 잃고 마을에서 쫓겨났다. 가난하다고 말하지 마라. 나는 들쥐를 잡아먹으며 연명했고, 목숨을 건 전쟁이 내 직업이고 내 일이었다. 작은 나라에서 태어났다고 말하지 마라. 그림자 말고는 친구도 없고 병사로만 10만, 백성은 어린애 노인까지 합쳐 200만도 되지 않았다. 배운 게 없다고, 힘이 없다고 탓하지 마라. 나는 내 이름도 쓸 줄 몰랐으나 남의 말에 귀 기울이며 현명해지는 법을 배웠다. 너무 막막하다고 그래서 포기해야겠다고 말하지 마라. 나는 목에 칼을 쓰고도 탈출했고, 뺨에 화살을 맞고 죽었다가 살아나기도 했다. 적은 밖에 있는 것이 아니라 내 안에 있었다. 나는 내게 거추장스러운 것은 깡그리 쓸어버렸다. 나를 극복하는 그 순간, 나는 징기스 칸이 되었다."

주어진 삶의 운명이 척박하거나 어려운 일에 부딪쳤을 때 되새겨 볼 만한 명언이다.

■ 원나라 멸망(1368년)

징기스 칸의 손자 쿠빌라이가 죽고 약 70년간 황제 계승 싸움과 세력 다툼으로 황제가 10번이나 바뀌었다. 정국이 불안해지는 틈을 타서 부패가 만연해지고 민심이 흉흉해졌다. 거기에다가 절대 다수 한족들에게 차별 대우가 점점 더 심해졌다. 참다 못한 농민들이 반란을 일으켰다. 이 난이 원나라를 멸망시킨 '홍건적의 난'이다. '홍건적 난'의 실력자 주원장(朱元璋)이 화남을 통일해 1368년 난징(南京)에서 명(明)나라를 건국하고 황제로 즉위했다.

■ 명(明)나라 시대(1368~1644년)

명나라를 창건한 홍무제(朱元璋), 주원장(朱元璋)은 가난한 농부 출신으로서 한민족(漢民族)의 왕조를 회복시켰다. 홍무제는 외치보다 체제 보전에 심혈을 기울였다. 한고조 유방과 같이 개국공신들을 숙

청했다. 재상(宰相)자리를 폐지하고, 6부를 황제 직속으로 만들어 황제의 독재 권력을 강화했다. 권력에 반하는 자는 가차 없이 처단하는 공포정치를 했지만 농지 개혁과 세금개혁 등으로 피폐해진 백성들의 삶을 챙겼다.

1398년에 홍무제가 죽자 권력다툼이 일어났다. 홍무제의 손자 건문제(建文帝)가 2대 황제에 오르자 번왕(북경지역 사령관)으로 있던 홍무제의 넷째 아들이 권력을 찬탈했다(1402년, 정난의 변). 이 넷째 아들이 3대 황제 영락제(永樂帝)다.

명나라의 전성기는 3대 황제 영락제(永樂帝)부터 시작되어 아들 홍희제(洪熙帝, 4대) 손자 선덕제(宣德帝, 5대)까지 이어진다. 명나라의 최고 전성기를 이어갔다. 영락제는 남북으로 영토길이가 4천km나 될 정도로 확을 했고, 문화면에서도 그의 치적을 빼놓을 수가 없다. 1408년에 영락제의 지시로 당대(當代) 학자 2,169명을 모아 22,877권짜리 영락대전이라는 백과사전을 펴냈다.

송나라 성리학을 집대성한 성리대전(性理大全). 사서(四書)를 집대성하고, 대학을 먼저 읽고 논어·맹자·중용으로 옮겨야 한다고 하는 사서대경, 역(易)·서(書)·시(詩)·예(禮)·춘추(春秋)를 통칭하는 오경을 집대성하여 유교의 기초 확립과 사대부(士大夫)가 갖추어야 할 기본 교양의 기준을 정립한 오경대전까지도 영락제의 치적이다.

이런 배경이 있었기에 명나라 때 양명학(陽明學)이라는 사상이 나왔다. 송나라에 주회의 성리학(주자학)이 있었다면, 명나라에는 성리학의 모순을 지적하는 왕수인의 양명학이 있다. 1600년 전 진(秦)나라 시대에 분서갱유(焚書坑儒)로 불타버린 유학을 재 복원한 사상이 성리학이라면, 양명학은 성리학의 유학을 더 새롭게 재해석한 사상이라고 할 수 있다. 중국 고대 4대 명작 소설도 명나라 때 나왔다. 나관중(羅貫中)의 《삼국연의(三國演義)》와 《수호전(水滸傳)》, 오승은(鳴承恩)의 《서유기(西遊記)》, 난릉소소생(蘭陵笑笑生)의 《금병매(金甁梅)》와 같은 장편 소설 대작들이 나왔다.

영락제로 시작된 전성기를 지나 후대 황제들은 세월이 갈수록 국정 운영에 나태해졌다. 관료들의 부패가 만연해지고 민란이 일어났다. 이 시기에 내륙 산시(陝西) 지방에 대기근(大飢饉)까지 일어나자 굶주린 농민들은 폭동을 일으키고, 명나라 정부에 반기를 든 농민반란으로 발전했다. 이 난이 300년 명나라의 명을 끊어놓는 이자성 난이다. 이자성이 명나라를 무너뜨리지만, 만주족 홍타이지에게 42일 만에 퇴각하고 청나라 시대가 열리게 된다.

■ 청(淸)나라 시대(1644~1912년)

청나라 역사를 이야기하면 가장 먼저 떠오르는 인물은 누르하치의 증손자이자 청조(淸朝) 4대 황제인 강희제(康熙帝)다. 중국 역사상 3대 성군(聖君)을 꼽으라고 한다면, 2,200년 전에 오늘날 중국의 기틀을 만든 한무제(漢武帝)와 1,500년에 전에 정관의치 시대를 연 당태종, 청나라의 강희제를 꼽는다. 최고 성군(聖君) 한 사람을 꼽으라고 한다면 강희제를 꼽는 사람이 가장 많다. 그를 가리켜 천고일제(千古一帝, 천년에 한 번 나오는 황제)라는 별칭이 붙을 정도다. 4대 강희제, 아들 옹정제(雍正帝), 손자 건륭제(乾隆帝)까지 거치는 130년을 강건성세(康乾盛世)라고 하며, 청나라의 최고 전성기 시대다.

중국 5천년 역사에서 망하는 왕조에는 예외 없는 공통점이 있다. 정치의 구심점(황제)이 흔들리고, 사리사욕에 빠진 관료들의 부패가 모든 왕조의 멸망 시작이다. 건륭제의 장기집권 말기에 대 탐관(大貪官) 화신(和珅)이 있었다. 이 사람이 부정부패로 끌어 모은 재산이 청나라의 20년 세수와 비슷했다는 말이 있다. 이 지경이니 민심이 흉흉할 수밖에 없다. 백련(白蓮)의 난과 천리(天理)의 난이 연이어 일어나면서 멸망의 길로 들어섰다. 바로 이 시기에 산업혁명으로 자본권력의 맛을 본 영국이 청나라를 상대로 아편 전쟁을 일으켰다. 이 전쟁을 시작으로 중국 대륙에는 내란과 외란 전쟁이 100년간이나 이어졌다.

100년 전쟁 시기를 간략히 나열해 보면 아편전쟁(1840~1842년), 애로호 전쟁(1856~1860년), 청불전쟁(1884년~1885년), 청일전쟁(1894~1895년), 만주사변(1931년), 상하이사변(1932년), 1차국공내전(1927~1936년), 중일전쟁과 제2차 세계대전(1937~1945년), 제2차국공내전(1946~1949년)이다.

▪현대

대륙의 천하를 평정한 마지막 승자는 마오쩌둥(毛澤東)이 이끄는 공산당 인민 해방군이 되었다. 1950년에 중화인민공화국 정부수립 1년도 안 된 시기에 한반도에서 엄청난 전쟁이 또 터졌다. 그 후에도 대륙의 시련은 30년간 지속된다. 대약진운동(1958~1962년)의 실패와 가뭄과 홍수로 대기근이 발생하여 3천만 명이나 굶어 죽은 사건이 발생했다. 문화혁형(1966~1976년)을 거치고, 개혁개방을 시작하면서 불과 30년 만에 G2라는 경제 기적을 이루내면서 중화(中華)의 자존심을 되찾아 가고 있는 중이다.

중국은 3천년 동안 통합과 분열이 반복된 봉건 왕조시대를 거친 것도 모자라 근대사에 와서는 파란만장한 수많은 전쟁역사를 거쳤다. 이런 역사 속에서 살아가야 하는 힘없는 백성들의 삶은 얼마나 고달팠을까를 생각하면 연민의 정을 느끼지 않을 수가 없다. 중국에서 살면서 중국 역사를 통해 중국사람들을 이해할 수 있게 되어 얼마나 다행인지 모르겠다. 그동안 이해가 안 된 중국인들의 언행과 생활습관을 이해할 수 있게 되었다. 마음을 여니 중국 생활이 재미있고 사업에도 도움이 되었다. 내게 중국 역사를 들려준 그 학생에게 다시 한 번 감사를 전한다.